ADHS: 77 Wege mit der Superpower
deines Kindes umzugehen

Der XXL Ratgeber für Eltern von Kindern mit ADHS

ADHS
77 Wege, mit der Superpower umzugehen

Der Ratgeber für Eltern von Kindern mit ADHS inklusive Mitmachseiten für die Kinder

Impressum

Deutschsprachige Erstausgabe Februar 2025

PM Arts UG (haftungsbeschränkt)
Geschäftsführer: Pierre Nabel
Blumenstraße 3
26382 Wilhelmshaven

Covergestaltung: Pierre Nabel
Satzgestaltung: Wolkenart - Marie-Katharina Becker,
www.wolkenart.com
Texterstellung: Nicole Knorr - Textravaganz

1. Auflage

ISBN: 978-3-9826571-6-5

Inhalt

Einleitung

Es ist 7 Uhr morgens, der Wecker klingelt und der Tag beginnt – oder besser gesagt: der tägliche Kampf. Denn wie immer hat dein Kind Mühe, aus dem Bett zu kommen. Nicht etwa, weil es müde ist, sondern weil der Gedanke an alles, was heute ansteht, es überfordert. Während andere Kinder ihre Morgenroutine durchlaufen, bricht bei dir das Chaos aus. Im Badezimmer geht es weiter. Dein Kind bleibt vor dem Spiegel stehen. Es hält zwar die Zahnbürste in der Hand, aber an Zähneputzen ist nicht zu denken. Stattdessen streift es seinen Bademantel als Cape über und spielt Superheld. Dabei vergisst es, was es eigentlich tun sollte. Du rufst es zur Ordnung und erinnerst daran, dass die Zeit drängt, aber es bleibt abgelenkt. Der Schulrucksack ist immer noch nicht gepackt. Dein Puls steigt, denn die Uhr tickt. Dein Kind kann nicht schon wieder zu spät zur Schule kommen! Und auch du wolltest doch heute endlich mal pünktlich bei der Arbeit sein.

Dann sind da noch die Gefühle. Kinder mit ADHS erleben Emotionen in der Regel viel intensiver. Schon zwei Socken, die nicht zusammenpassen oder die neue Zahnpasta, die anders schmeckt, können zu einem emotionalen Zusammenbruch führen. Dein Kind wechselt schnell von fröhlich zu traurig, von ruhig zu wütend. Und du stehst daneben und weißt nicht, wie du damit umgehen sollst. Diese plötzlichen Ausbrüche sind überwältigend – für dein Kind und für dich. Und natürlich kosten sie nicht nur Energie, sondern auch Zeit. Es dauert, bis sich dein Kind wieder beruhigt. Fürs Frühstück bleibt keine Zeit mehr und als ihr bei der Schule ankommt, knurrt euch beiden der Magen.

Was für andere Eltern vielleicht eine einfache Morgenroutine ist, wird für dich zur täglichen Herausforderung. Jeden Tag aufs Neue. Und es ist völlig in Ordnung, wenn du deshalb erschöpft, wütend und verzweifelt bist. Aber eine Sache kann ich dir versprechen: Allein bist du damit nicht, denn es gibt viele Kinder mit ADHS, deren Eltern exakt dasselbe durchmachen wie du. Auch ich gehöre zu den Elternteilen, deren Kind an ADHS leidet. Ich kenne die täglichen Herausforderungen, die Höhen und Tiefen, die damit verbunden sind. All die Momente der Überforderung und Hilflosigkeit – ich habe sie auch erlebt. In den letzten Jahren habe ich unzählige Bücher zum Thema ADHS verschlungen. Ebenso habe ich intensiv mit Psychologen, Lehrern und anderen Eltern gesprochen. Dieses Wissen und meine eigenen Erfahrungen fließen in dieses Buch ein. Deshalb denke daran: Ich weiß genau, wie du dich fühlst!

Der ständige Druck von außen

Doch es ist nicht nur der Alltag zu Hause mit deinem Kind, der dich belastet. Dazu kommt noch der ständige Druck von außen. Familie, Freunde und manchmal sogar Fremde: Alle scheinen eine Meinung darüber zu haben, wie du dein Kind erziehst. Bestimmt hast du schon erlebt, wie du von anderen schief angeschaut wirst, weil dein Kind laut und unruhig ist. Oft kommen „gute" Ratschläge, die sich wie Kritik anfühlen und dir wehtun können:

- „Du musst mehr durchgreifen."
- „Sei einfach strenger."
- „Du hast es viel zu sehr verwöhnt."

Diese Aussagen lassen dich zweifeln – an dir und deinem Erziehungsstil. Es fühlt sich an, als wäre das Problem nicht ADHS, sondern deine Art, mit deinem Kind umzugehen. Das tut weh. Und dann fragst du dich: Mache ich wirklich etwas falsch? Bin ich nicht streng genug? Nutze ich nicht die richtigen Methoden? Deshalb kommt hier jetzt ein ganz wichtiger Satz: Es ist nicht deine schuld!

Du hast nichts falsch gemacht

ADHS ist keine Folge schlechter Erziehung und verschwindet auch nicht mit strengeren Regeln oder mehr Disziplin. Nein, ADHS ist eine neurobiologische

Besonderheit und bedeutet: Dein Kind nimmt die Welt anders wahr und reagiert anders darauf. Aber das liegt nicht an dir. Es gibt keine einfache Lösung, keine Methode oder Strategie, die alle Probleme auf einen Schlag löst. Jeder Tag bringt neue Herausforderungen für dein Kind und infolgedessen für dich. Manchmal scheitern deine besten Pläne, weil dein Kind eben nicht wie die anderen Kids tickt. Und das ist in Ordnung.

Unsicherheit im Freundeskreis und in der Familie

Oft verstehen Freunde oder Verwandte nicht, was du jeden Tag leistest. Sie sind ja nicht dabei, wenn du dein Kind in die Schule bringst oder es durch emotionale Ausbrüche begleitest. Sie sehen nur das Kind, das im Restaurant zappelt oder bei Familienfeiern „Unruhe stiftet". Es ist schwierig, es den anderen zu erklären, denn sie verstehen nicht, dass dein Kind nicht einfach „schwierig" ist. Das kann auf Dauer einsam machen, weil es sich so anfühlt, als ob du gegen unsichtbare Mauern kämpfst.

Vertraue dir selbst

Fest steht: Du kennst dein Kind am besten! Du weißt, welche Herausforderungen es in eurem Leben gibt und wie du dich jeden Tag bemühst, ihm zu helfen. Und genau deshalb solltest du dir selbst vertrauen – nicht den Stimmen von außen. Andere mögen nur die Probleme sehen, aber du siehst auch die schönen Seiten. Denn natürlich gibt es auch diese bei ADHS:

- Die Begeisterung deines Kindes, wenn es etwas Neues entdeckt.
- Die Energie, wenn es in ein Thema eintaucht, das es interessiert.
- Die unglaubliche Kreativität, die sich zeigt, wenn andere nur Chaos sehen.

Und jetzt stell dir vor: all das ist eine Superpower

Was wäre, wenn all diese Herausforderungen in eurem Leben in Wirklichkeit die Zeichen einer besonderen Kraft wären? Was würdest du sagen, wenn ich behaupte, dein Kind mit ADHS hat eine einzigartige Superpower? ADHS bringt viele Hindernisse mit sich, das ist klar. Aber es birgt auch besondere Chancen. **Denn:** Dein Kind nimmt die Welt auf eine Weise wahr, die viele Erwachsene längst vergessen haben. Es ist neugierig, voller Energie und unglaublich kreativ. Es mag Schwierigkeiten haben, sich auf eine Sache zu konzentrieren. Doch dafür kann es in mehreren Welten gleichzeitig denken. Wo andere stur geradeaus gehen, sieht dein Kind das Ganze von allen Seiten. Das ist eine Gabe, für die sich dein Kind glücklich schätzen kann – und du natürlich auch.

Stärke in der Herausforderung finden

Selbstverständlich verschwinden die Probleme nicht, denn dein Kind wird immer wieder schwierige Momente haben. Doch anstatt nur das Negative zu sehen, kannst du lernen, die Stärken deines Kindes zu entdecken. Nimm die Herausforderungen als Abenteuer an und nutze die besondere Superpower deines Kindes, um sie zu bewältigen. Wie das funktioniert, möchte ich dir in diesem Buch zeigen. Es geht nicht darum, ADHS „wegzudenken" oder zu ignorieren. Das Ziel ist vielmehr, einen neuen Blickwinkel zu finden, die kindliche Energie zu nutzen und die Kreativität zu fördern. Mit der Zeit schaffst du es, die oft überwältigende emotionale Intensität als Teil der Persönlichkeit deines Kindes zu akzeptieren.

Wie dieses Buch dir helfen kann

Dieses Buch richtet sich an dich, wenn du dich mit deinem Kind mit ADHS manchmal überfordert fühlst. Es ist für diejenigen gedacht, die nach Wegen suchen, um die Stärken ihres Kindes zu erkennen und zu fördern. Du findest hier praktische Tipps, wie du deinem Kind helfen kannst, seine Superpower zu seinem Vorteil zu nutzen. Und du lernst, wie du dir selbst in dieser Rolle als Elternteil Raum und Verständnis schaffst. Doch das Buch richtet sich auch an Erzieher und Lehrer, die Kinder in ihrer Entwicklung unterstützen möchten. Ihr alle seid an vorderster Front dabei, wenn es darum geht, das Potenzial dieser besonderen Kinder zu entfalten.

Ich habe das Buch in vier Teile gegliedert. Im ersten Teil erhältst du einen Überblick über ADHS, die häufigsten Missverständnisse sowie die verschiedenen Formen und Ausprägungen. Zuerst gehen wir also die Theorie an. Das ist wichtig, damit du meine Tipps und Herangehensweisen im späteren Buch besser nachvollziehen kannst. Im zweiten Teil zeige ich dir 77 Wege, wie du im Alltag mit der Superpower ADHS besser umgehst. All diese Tipps sind praxisorientiert und sofort umsetzbar. Die Mitmachseiten für Kinder im dritten Teil sind ein zentrales Element des Buches. Sie sind so gestaltet, dass sie Kinder aktiv einbeziehen und ihnen helfen, ihre eigenen Stärken zu entdecken. Auf diesen Seiten gibt es kreative Übungen, Tagebuchvorlagen und Spiele, die das Lernen und Wachsen unterstützen. Jede Mitmachseite wird durch einen QR-Code ergänzt, der dir den Zugang zu zusätzlichen Ressourcen und Vorlagen ermöglicht. Im vierten Teil findest du praktische Ressourcen und weiterführende Hilfe für dich. Sie helfen dir, dich weiterzubilden und auszutauschen. Am Ende des Buches habe ich noch ein Superpower-Manifest für dich. Nutze es als Erinnerung und Motivation, um gemeinsam mit deinem Kind die Herausforderung ADHS zu meistern.

Ich lade dich ein, mit mir auf diese Reise zu gehen. Lass uns zusammen in das Abenteuer ADHS starten und die Stärken deines Kindes feiern. Denn ADHS ist nicht das Ende der Welt, es ist der Anfang einer aufregenden Entdeckung.

Teil I

WAS IST ADHS? EIN ÜBERBLICK FÜR ELTERN

Du bist für dein Kind auf seiner Reise mit ADHS stets der sichere Hafen. **Aber:** Damit das funktioniert, ist die Grundvoraussetzung, dass du das Syndrom in all seinen Facetten und Zügen gut verstehst. Im ersten Teil des Buches gebe ich dir daher einen grundlegenden Überblick: Was genau ist ADHS überhaupt? Wie zeigt es sich im Alltag? Wie wurde ADHS früher betrachtet und welche Mythen existieren bis heute? Welche Ausprägungen der Erkrankung gibt es? In diesem ersten Teil lernst du außerdem, die Stärken und Schwächen deines Kindes besser zu verstehen. Du erfährst, wie ADHS diagnostiziert wird und wie dein Kind in der Schule Unterstützung bekommt. Überdies habe ich erste hilfreiche Impulse, die dir helfen, die Superpower ADHS für dich und deine Familie zu nutzen. Mit diesem Wissen legst du den Grundstein, um im Alltag gelassener und sicherer zu agieren. Das ist entscheidend, denn ein Kind, das unter ADHS leidet, braucht einen selbstsicheren und starken Erwachsenen an seiner Seite.

Kapitel 1: ADHS verstehen

„Das Kind hat doch ADHS!" Dieser Satz kommt manchen Menschen leicht über die Lippen, wenn sie ein quirliges, aufgewecktes Kind beobachten. Leider steckt hinter dieser Meinung nicht immer viel Ahnung. Die Annahme, jedes bewegungsfreudige und/oder unkonzentrierte Kind leide an ADHS, reicht weit in die Vergangenheit zurück. Schließlich wurde es früher auch als „Zappelphilipp-Syndrom" bezeichnet. Mittlerweile ist die Forschung zum Glück weiter. **Fest steht:** ADHS ist eine komplexe Auffälligkeit, die Kinder in etlichen Bereichen betrifft. Es bedeutet eben längst nicht nur, dass es einem Kind schwerfällt, still auf seinem Platz zu sitzen. Dennoch hat ADHS bis heute ein negatives Image. Etliche Mythen ranken sich darum – und viele davon sind schlichtweg an den Haaren herbeigezogen. Ich möchte dieses Kapitel nutzen, um mit den Vorurteilen zu diesem Thema aufzuräumen. Als Elternteil eines Kindes mit ADHS wirst du solche vorgefassten Meinungen nämlich häufig hören. Und dann ist es doch gut, wenn du weißt, wie du kontern kannst, nicht wahr?

Geschichte von ADHS: Wie wurde ADHS früher und wie wird es heute gesehen?

Die Vorstellung von ADHS veränderte sich im Laufe der Zeit stark. Früher wurde das, was wir heute als ADHS kennen, in der Regel als reines „Verhaltensproblem" abgetan. Schon im 19. Jahrhundert gab es erste Berichte über Kinder, die nicht stillsitzen konnten und ständig impulsiv handelten. Das bestätigt ein Blick auf die Literatur. Ein populäres Beispiel ist der „Zappelphilipp", der 1845 im Buch „Struwwelpeter" von Heinrich Hoffmann auftauchte. Dieses Bild eines hyperaktiven Kindes prägte lange Zeit die Wahrnehmung der Öffentlichkeit. Kinder, die sich nicht konzentrieren konnten oder durch Unruhe auffielen, wurden als ungezogen angesehen.

Im Laufe des 20. Jahrhunderts änderte sich die Sichtweise allmählich. In den 1960er-Jahren begannen Wissenschaftler, das Phänomen intensiver zu untersuchen. Zunächst war vom „hyperkinetischen Syndrom" die Rede, welches den Fokus vor allem auf die Hyperaktivität legte. Betroffene Kinder wurden fälschlicherweise als schwer erziehbar oder gar als „schulunfähig" abgestempelt. Dadurch erhöhte sich der Druck auf die Eltern immens. Erst in den 1980er-Jahren setzte sich die moderne, heute bekannte Definition von ADHS durch. Es wurde klar, dass es sich um eine neurologische Störung handelt. **Wichtig dabei:** ADHS ist eben nicht nur mit Hyperaktivität, sondern auch mit Aufmerksamkeitsproblemen und Impulsivität verbunden. Daher wurde der Begriff „Aufmerksamkeitsdefizit-/Hyperaktivitätsstörung" (Abkürzung: ADHS) eingeführt.

Heute verstehen wir ADHS demzufolge als eine neurobiologische Störung, die das Leben eines Kindes auf vielfältige Weise beeinflusst. Sie betrifft nicht nur das unmittelbare kindliche Verhalten. Vielmehr beeinflusst sie auch die Wahrnehmung, die Emotionen und die Fähigkeiten zur Selbstregulation. Im Laufe der Jahre hat sich die Sichtweise von ADHS glücklicherweise grundlegend gewandelt: Was früher als reine Verhaltensauffälligkeit galt, wird heute als komplexes Zusammenspiel von neurologischen und genetischen Faktoren verstanden. Die wichtigsten Merkmale von ADHS sind dabei:

1. **Unaufmerksamkeit**: Kinder mit ADHS haben Schwierigkeiten, sich über längere Zeit auf eine Aufgabe zu konzentrieren. Sie lassen sich leicht ablenken. Überdies fällt es ihnen schwer, Anweisungen zu befolgen und Arbeiten zu Ende zu bringen.
2. **Impulsivität**: Viele ADHS-Kinder handeln impulsiv. Das bedeutet: Sie reagieren, ohne vorher nachzudenken. Infolgedessen unterbrechen sie andere oder machen Dinge, die sie später bereuen.
3. **Hyperaktivität**: Kinder mit ADHS sind ständig in Bewegung. Sie zappeln, rennen oder klettern herum – und zwar auch in Situationen, in denen Ruhe erwartet wird.

Anders als früher sehen wir ADHS heute nicht mehr nur als Störung. Es handelt sich hierbei um eine Veranlagung, die zwar etliche Herausforderungen, aber auch Chancen und Stärken mit sich bringt. Der gesellschaftliche Blick auf ADHS ist dennoch oft zweigeteilt, denn bedauerlicherweise erkennen nicht alle die Relevanz der Diagnose an. Häufig gibt es auch Kritik: Die Diagnose werde zu häufig gestellt und Ärzte würden zu schnell Medikamente verordnen. Wichtig ist auf jeden Fall, die richtigen Ansätze zu finden, um ADHS-Kinder zu unterstützen. Und genau dabei setzt dieses Buch an.

Mythen rund um ADHS entlarvt: Warum du nicht alles glauben solltest

Über ADHS wird viel geredet, aber nicht alles, was du so hörst, stimmt. Lass uns mit den häufigsten Mythen rund um dieses Thema aufräumen.

- **Mythos Nummer 1: „ADHS ist nur eine Ausrede für schlechtes Verhalten."**
  Hand aufs Herz: Wie oft hast du diesen Vorwurf schon gehört? Leider meinen einige Menschen, Eltern von ADHS-Kindern seien zu nachsichtig oder hätten bei der Erziehung etwas verkehrt gemacht. Aber ADHS ist natürlich keine Ausrede für das „schlechte Verhalten" deines Kindes. Es handelt sich um eine medizinisch anerkannte neurologische Störung! Und es ist völlig normal, wenn diese das gesamte Familienleben maßgeblich

beeinflusst. Dein Kind mit ADHS verhält sich ganz gewiss nicht absichtlich „schwierig". Es kämpft mit realen Herausforderungen, die Unterstützung und Verständnis erfordern.

- **Mythos Nummer 2: „ADHS verschwindet mit dem Erwachsenwerden."**
  Es wäre schön, wenn an diesem Mythos etwas dran wäre, nicht wahr? Aber bedauerlicherweise stimmt diese Aussage nicht. Zwar können sich Symptome im Laufe der Zeit verändern, **aber:** ADHS löst sich im Erwachsenenalter nicht einfach in Luft auf. Viele Erwachsene mit ADHS haben weiterhin Schwierigkeiten mit Organisation, Zeitmanagement und Impulsivität. Genau deshalb ist es wichtig, frühzeitig geeignete Strategien zu entwickeln. Dies wird deinem Kind auch in der Zukunft helfen, denn es wird später besser mit ADHS umgehen können.

- **Mythos Nummer 3: „Zu viel Zucker und Fernsehen verursachen ADHS."**
  Auch das ist Blödsinn! Es gibt keine wissenschaftlichen Belege dafür, dass Zucker oder Bildschirmzeit ADHS verursachen. Es mag sein, dass diese Faktoren die Symptome verschärfen, doch die Ursachen von ADHS liegen in der neurologischen Entwicklung. **Merke dir also:** Die Ernährung und der Medienkonsum können das kindliche Verhalten beeinflussen, sind aber nicht der Auslöser für die Störung selbst.

- **Mythos Nummer 4: „Kinder mit ADHS sind später im Leben nicht erfolgreich."**
  Es ist sogar das Gegenteil der Fall. Tatsächlich gibt es viele Menschen mit ADHS, die in ihrem Bereich starke Leistungen erbringen. Wenn Kinder die richtigen Hilfen bekommen, können ihre Stärken ihnen sogar einen Vorteil verschaffen.

- **Mythos Nummer 5: „ADHS-Medikamente verändern die Persönlichkeit des Kindes."**
  Eltern haben mitunter die Sorge, dass ADHS-Medikamente das Wesen ihres Kindes modifizieren. In Wahrheit helfen die Stimulanzien, den Gehirnstoffwechsel zu normalisieren und die Symptome zu lindern. Diese Medikamente ermöglichen es ADHS-Kindern, sich besser zu konzentrieren und weniger impulsiv zu handeln. Für das Umfeld mag dies ungewohnt wirken, aber die Persönlichkeit verändert sich dadurch nicht. Vielmehr helfen die Medikamente dem betroffenen Kind, sich altersgerecht zu entwickeln und seine eigentlichen Stärken zu entfalten.

- **Mythos Nummer 6: „ADHS ist selten."**
  Nein, so selten ist ADHS nicht. Es ist sogar eine der häufigsten psychiatrischen Diagnosen im Kindesalter. Schätzungen zufolge sind rund 3 bis 7 Prozent der Schulkinder von ADHS betroffen. Die Dunkelziffer dürfte höher sein, denn bei vielen Kindern wird die Diagnose nie offiziell gestellt.

Du siehst, es kursieren wirklich allerhand Halbwahrheiten um das Thema ADHS. Du darfst dich von diesen Mythen aber bitte nicht verunsichern lassen. ADHS ist eine Herausforderung, das stimmt. Aber mit den passenden Hilfsmitteln und einem positiven Blick kann daraus auch eine Stärke werden. Also werde niemals müde, andere über ADHS aufzuklären und dein Kind vor gemeinen Aussagen seiner Mitmenschen zu schützen.

Die Vielfalt von ADHS: die drei Hauptausprägungen im Detail

Die Aufmerksamkeits-Defizit-Hyperaktivitäts-Störung ADHS, zeigt sich in variablen Facetten. Welcher ADHS-Form ein Kind angehört, hängt von der Ausprägung der Symptome ab. **Denn:** Die Anzeichen sind vielfältig, weshalb es wichtig ist, die einzelnen Formen der ADHS individuell zu betrachten. Grundsätzlich existieren drei Haupttypen von ADHS, die jeweils abweichende Merkmale aufweisen:

1. **Der hyperaktive-impulsive Typ – „der Wirbelwind"**
   Dies ist die offensichtlichste Form der ADHS. Betroffene Kinder fallen auf, weil sie lebhaft und unruhig sind. Sie haben Schwierigkeiten mit dem Stillsitzen und müssen durchgehend in Bewegung sein. Sie sprechen impulsiv und fallen anderen ins Wort. Das kann im Freundeskreis, aber auch in der Schule zu sozialen Schwierigkeiten führen. Nicht selten empfindet das Umfeld das Verhalten als störend. Eigentlich steckt aber oftmals der Wunsch dahinter, in Kontakt zu bleiben und aktiv am Geschehen teilzunehmen. Erwachsene, die unter dieser ADHS-Form leiden, berichten davon, dass sie kaum in ruhigen Umgebungen arbeiten können. Zudem haben sie Probleme mit der Impulskontrolle, was sich negativ auf das persönliche und berufliche Leben auswirkt.

2. **Der unaufmerksame Typ (ADS) – „der Tagträumer"**
   Bei dieser Form fehlt die Hyperaktivität. Stattdessen steht die Unachtsamkeit im Fokus, weswegen auch der Begriff Aufmerksamkeits-Defizit-Syndrom (ADS) verwendet wird. Kinder mit diesem Typ haben Schwierigkeiten, ihre Aufmerksamkeit zu fokussieren. Sie wirken in Gedanken versunken, verträumt und leicht ablenkbar. Demzufolge ist es schwer für sie, Aufgaben zu organisieren und zu beenden. Aufgrund dieses Verhaltens gelten sie in der Schule im besten Fall als „Träumer", im schlechtesten Fall aber als „faul". Erwachsene mit ADS berichten von anhaltenden Schwierigkeiten bei der Konzentration. Das betrifft vor allem langweilige, sich wiederholende Aufgaben.

3. **Der kombinierte Typ – „der Entdecker"**
   Vorwiegend fallen Kinder und Erwachsene mit ADHS in diese Kategorie. Sie umfasst sowohl unaufmerksame als auch hyperaktive-impulsive Symptome. Somit zeigt sich diese Form als Mischung aus Konzentrationsschwäche, Hyperaktivität und impulsivem Verhalten. Diese Kombination geht in der Schule und im sozialen Umfeld regelmäßig mit großen Herausforderungen einher. Die Kinder sind oftmals in der Lage, sich auf interessante Aufgaben zu konzentrieren. Sie haben jedoch Schwierigkeiten,

ihre Energie in weniger anregenden Situationen zu kontrollieren. Dann fallen sie durch ihre Impulsivität und Hyperaktivität auf.

Versteh mich jetzt bitte nicht falsch: Dies sind nur die drei Haupttypen der ADHS. Zusätzlich gibt es eine Vielzahl von weiteren Ausprägungen, welche die individuellen Bedürfnisse und Herausforderungen eines jeden Betroffenen reflektieren. Die Symptome können je nach Altersgruppe variieren, sodass Kinder, Jugendliche und Erwachsene abweichende Erfahrungen machen. Dazu kommt noch: Viele Kinder mit ADHS leiden unter anderen psychischen Problemen wie Angststörungen oder Lernschwierigkeiten. Dadurch erschweren sich sowohl die Diagnose als auch die Behandlung.

ADHS als Superpower: ein paar Schwächen, aber viele Stärken

Kinder, die unter ADHS leiden, begegnen in der Familie, im Freundeskreis und in der Schule besonderen Herausforderungen. Trotz dieser Hindernisse, die sie täglich überwinden müssen, bringen sie auch viele außergewöhnliche Stärken mit. Und genau diese zeichnen ADHS-Kinder aus.

Schwächen:

- **Schwierigkeiten mit der Aufmerksamkeit:** Kinder mit ADHS finden es mühsam, sich über längere Zeit auf Aufgaben zu konzentrieren. Noch problematisch wird es, wenn die Anforderungen zu langweilig oder zu anspruchsvoll sind. Sie lassen sich dann leicht ablenken und führen die Aufgaben nicht zu Ende.
- **Impulsivität:** Ein ADHS-Kind handelt in der Regel spontan und denkt vorab nicht großartig nach. Das zeigt sich, wenn es im Unterricht dazwischenruft. Häufig tut oder sagt es Dinge, die es später bitter bereut, weil es einfach sehr impulsiv reagiert.
- **Probleme mit der Organisation:** Typisch ist, dass ein ADHS-Kind sich schlecht organisieren kann. Es fällt ihm schwer, Schulsachen zu gliedern, Hausaufgaben zu planen oder Termine einzuhalten. Infolgedessen empfindet das Kind den Schulalltag als chaotisch und stressig.

- **Hohe Emotionalität:** Ein Kind mit ADHS erlebt seine Gefühle intensiv. Es reagiert äußerst stark auf kleine Enttäuschungen oder Konflikte. Demzufolge ist es schnell frustriert und wütend. Aufgrund der Impulsivität lebt es seine Emotionen nicht selten ungefiltert aus. Das führt in der Klasse oder im Freundeskreis zu Ärgernissen.

Stärken:

- **Kreativität und Einfallsreichtum:** Ein Kind mit ADHS hat vielmals eine blühende Fantasie. Es sprüht nur so vor kreativen Ideen. Aufgrund der ADHS denkt es anders und findet originelle Lösungsansätze. Das ist ein großer Vorteil, vor allem bei kreativen Schulprojekten.
- **Hyperfokus:** Vielleicht ist es dir selbst schon aufgefallen: Wenn dein Kind sich für etwas begeistert, konzentriert es sich sehr intensiv darauf. Bei einem spannenden Thema ist es erstaunlich produktiv und glänzt mit herausragenden Leistungen. Auch das ist typisch für ein ADHS-Kind, weil es dort, wo sein Interesse liegt, mit Feuereifer dabei ist.
- **Energie und Begeisterung:** Ein Kind mit ADHS ist voller Energie und enthusiastisch bei der Sache, wenn es sich für etwas interessiert. Die lebhafte Art ist oftmals ansteckend und kann andere Kinder mitreißen.
- **Schnelle Reaktionsfähigkeit:** Viele Kinder mit ADHS können blitzschnell auf Veränderungen reagieren. Das kommt ihnen in Spielen auf dem Schulhof oder bei unerwarteten Aufgaben im Unterricht zugute.
- **Innovatives Problemlösen:** Da ein ADHS-Kind unkonventionell denkt, geht es kreativ an Probleme heran. Dadurch entwickelt es innovative Lösungen für Aufgaben. Das zeigt sich beim Rätseln und Spielen, mitunter aber auch bei schwierigen Schulaufgaben. Wo andere Kinder kaum zurechtkommen, punktet das ADHS-Kind mit seinem außergewöhnlichen Lösungsweg.
- **Soziale Empathie:** Etliche Kinder mit ADHS haben ein ausgezeichnetes Gespür für die Gefühle anderer. Sie sind empathisch und knüpfen problemlos enge Freundschaften, denn sie verstehen instinktiv, was ihre Freunde brauchen.

- **Neugier und Wissensdrang:** Von ADHS betroffene Kinder haben häufig ein großes Interesse an ihrer Umgebung. Sie sind neugierig und stellen viele Fragen. Das hilft ihnen, neue Dinge schnell zu lernen – besonders, wenn das Thema für sie spannend ist.

Spätestens jetzt dürfte dir klar sein: Auch wenn Kinder mit ADHS in der Schule und im Alltag vor Herausforderungen stehen, haben sie viele Stärken. Stellst du deinem Kind die passende Unterstützung an die Seite, kann es seine Schwächen überwinden und seine Begabungen entfalten. Also, nimm die ADHS deines Kindes doch einfach nicht mehr als Bürde wahr, sondern als Superpower. Richtig eingesetzt, kann dein Kind damit über sich hinauswachsen!

Kapitel 2: Diagnose und Therapieoptionen

Als Elternteil merkst du, dass dein Kind Schwierigkeiten hat, sich zu konzentrieren, ruhig zu bleiben oder Impulse zu kontrollieren. Vielleicht sagte auch seine Lehrerin schon mal zu dir: „Ihr Kind kann sich einfach nicht stillhalten." Natürlich fragst du dich dann: Ist das nur eine Phase? Oder steckt doch mehr dahinter? Die Unsicherheit ist groß – und das ist absolut nachvollziehbar. Wahrscheinlich fehlt dir als Elternteil die Klarheit, wo du Unterstützung bekommst. Wohin wendest du dich mit deinem Verdacht, dass dein Kind ADHS haben könnte? Wie wird die Diagnose überhaupt gestellt? Welche Therapie ist die richtige? **Und vor allem:** Wie gestaltest du den Alltag so, dass dein Kind sich gut entwickeln kann? In diesem Kapitel findest du Antworten auf all diese Fragen.

Wie ADHS diagnostiziert wird: Was Eltern wissen sollten

Der Weg zu einer ADHS-Diagnose ist nicht einfach und dauert in der Regel sehr lange. Viele der Verhaltensweisen, die mit ADHS in Verbindung stehen, können auch bei ganz „normalen" Kindern auftreten. Jedes Kind ist mal unaufmerksam, impulsiv

oder voller Energie. Darum leidet es aber noch lange nicht unter ADHS. Deshalb ist es wichtig, dass du dich bei einem begründeten Verdacht an Fachleute wendest. Der Arzt, der dein Kind untersucht, sollte in der Lage sein, die ADHS-Symptome von normalen kindlichen Verhaltensweisen zu unterscheiden.

Der erste Schritt: Beobachtungen im Alltag

Als Elternteil bist du die wichtigste Informationsquelle für die Diagnose. Du kennst dein Kind am besten und kannst mit den Beschreibungen seines Verhaltens wertvolle Hinweise geben. Zunächst gilt daher: Beobachte dein Kind ganz genau über einen längeren Zeitraum hinweg. Gelegentliche Unruhe und Ablenkbarkeit sind völlig normal. Achte auf Muster, die sich in verschiedenen Bereichen des Lebens immer wieder zeigen: zu Hause, in der Schule und im Freundeskreis. Dokumentiere deine Beobachtungen am besten in einem Notizbuch. Schreibe auf, wann sich dein Kind wie verhält und welchen Auslöser sein Handeln hatte. Das hilft den geschulten Fachkräften später, das Verhalten deines Kindes richtig einzuordnen.

Ärztliche und psychologische Untersuchungen

Erhärtet sich dein Verdacht? Dann wende dich an den Kinderarzt oder Hausarzt. Er wird sich deine Sorgen anhören und sie gegebenenfalls entkräften. Stimmt er deinem Verdacht jedoch zu, leitet er dein Kind und dich zu einem Kinderpsychiater weiter. Im Idealfall sollte sich dieser auf ADHS spezialisiert haben, damit dein Kind schnell und unkompliziert die richtige Hilfe bekommt. Der Arzt führt eine gründliche Untersuchung durch, die mehrere Schritte umfasst:

- **Fragebögen und Interviews:** In aller Regel bekommst du – genauso wie die Lehrkräfte deines Kindes – einige Fragebögen. Diese solltest du wahrheitsgemäß ausfüllen. Sie helfen dem behandelnden Arzt, typische ADHS-Verhaltensweisen aufzudecken. Ein direktes Gespräch liefert Ärzten und Psychologen ebenfalls wertvolle Informationen über das Verhalten und die Entwicklung deines Kindes.
- **Verhaltenstests:** Um die Konzentrationsfähigkeit und Impulskontrolle deines Kindes genauer zu untersuchen, kommen spezielle Tests zum

Einsatz. Sie prüfen, wie gut dein Kind Aufgaben löst, die Geduld und Ausdauer erfordern. Dabei sind diese Tests an das Alter deines Kindes angepasst, sodass es Spaß hat, die Aufgaben zu erledigen.

- **Medizinische Untersuchungen:** In einigen Fällen setzen die Ärzte auch körperliche Untersuchungen ein. Damit wollen sie aber hauptsächlich sicherstellen, dass keine anderen gesundheitlichen Ursachen für die Verhaltensauffälligkeiten vorliegen. Gegebenenfalls führen die Ärzte dementsprechend Bluttests oder neurologische Untersuchungen durch.

Abgrenzung von anderen Störungen

Es ist von großer Bedeutung, dass eine ADHS-Diagnose nicht vorschnell gestellt wird. Es gibt viele andere Probleme, die ähnliche Symptome haben. Dazu gehören etwa Angststörungen, Depressionen oder Lernschwierigkeiten. Deshalb ist es die Aufgabe der Fachleute, sorgfältig zu prüfen, ob ADHS tatsächlich vorliegt, und andere Erkrankungen auszuschließen.

Die Diagnose – und was dann?

Sofern dein Kind die Diagnose ADHS bekommt, ist das kein Grund, den Kopf in den Sand zu stecken. Es gibt viele Möglichkeiten, ihm jetzt zu helfen. Wichtig ist, dass die Diagnose kein Stigma ist, sondern der erste Schritt. Es gilt, deinem Kind die nötige Hilfe zu geben, damit es seinen Alltag meistern und seine Potenziale entfalten kann. **Denke daran:** Die Diagnose ADHS bedeutet nicht, dass dein Kind „falsch" ist. Sie heißt nur, dass es besondere Unterstützung braucht, um seine Stärken und Schwächen in Einklang zu bringen. Und wer könnte ihm dabei besser helfen als du?

Medizinische und therapeutische Hilfe

Die Diagnose ADHS steht? Jetzt gibt es verschiedene Ansätze, um deinem Kind zu helfen, mit den Herausforderungen im Alltag besser umzugehen. Die eine richtige Lösung existiert jedoch nicht. Oft erweist sich eine Kombination aus medizinischen und therapeutischen Maßnahmen als wirksam. Diese stimmen Ärzte und Psychologen gemeinsam mit dir und deinem Kind individuell auf seine Bedürfnisse ab.

1. Medikamente bei ADHS: Ein sinnvoller Baustein?

Wenn von ADHS die Rede ist, kommt früher oder später auch das Thema Medikamente auf. Und das nicht ohne Grund: Für viele Kinder mit ADHS sind Arzneimittel eine wichtige Unterstützung. Das gilt vor allem, wenn die Symptome den Alltag stark beeinträchtigen. Am häufigsten verordnet der Arzt sogenannte Stimulanzien wie Methylphenidat (Ritalin) oder Amphetamine. Sie beeinflussen den Gehirnstoffwechsel, indem sie den Dopamin- und Noradrenalinspiegel regulieren. Auf diese Weise verbessert sich die Fähigkeit, sich zu konzentrieren. Gleichzeitig reduzieren sich Impulsivität und Hyperaktivität.

Viele Eltern haben jedoch Bedenken, dass diese Medikamente die Persönlichkeit ihres Kindes verändern. Diese Sorgen sind unbegründet. Natürlich verändert sich das Verhalten deines Kindes. Es kommt besser zur Ruhe und kann seine Stärken entfalten. Seine Persönlichkeit bleibt aber erhalten. Ein aufgewecktes Kind wird durch die Medikamente nicht komplett ruhig gestellt. Allerdings sind Arzneimittel nicht für jedes Kind notwendig oder geeignet. In manchen Fällen können Nebenwirkungen wie Appetitlosigkeit oder Schlafprobleme auftreten. Eine regelmäßige Kontrolle durch den Arzt ist daher wichtig.

2. Verhaltenstherapie: Praktische Hilfestellungen für den Alltag

Neben der medikamentösen Behandlung spielt die Verhaltenstherapie eine zentrale Rolle in der ADHS-Therapie. Hierfür besucht dein Kind einen Psychologen. Es lernt Strategien, um seine Impulsivität und Unaufmerksamkeit besser zu kontrollieren. In der Therapie geht es darum, neue Verhaltensweisen einzuüben. Dein Kind erfährt, wie es Aufgaben plant und lernt Techniken zur Entspannung kennen. Auch du als Elternteil wirst in die Therapie einbezogen, damit du dein Kind optimal unterstützen kannst. Die Verhaltenstherapie trägt spielerisch dazu bei, dass dein Kind sich besser strukturieren und in schwierigen Situationen Ruhe bewahren kann. Geduld und Kontinuität sind hier gefragt. Kleine Fortschritte sind meistens erst nach längerer Zeit sichtbar. Dennoch lohnt sich die Therapie für das Kind und die Familie.

3. Unterstützung in der Schule

Ein weiterer wichtiger Baustein ist die Zusammenarbeit mit der Schule deines Kindes. Viele Betroffene benötigen individuelle Lernpläne und Anpassungen im Unterricht, damit ihnen das Lernen leichter fällt. Lehrer können besondere Sitzplätze anbieten oder Hilfestellungen bei der Organisation der Aufgaben geben. Zudem ist es hilfreich, wenn das Lehrpersonal über die Bedürfnisse deines Kindes informiert ist. Dadurch entwickelt es ein besseres Verständnis für seine Verhaltensweisen.

4. Weitere therapeutische Ansätze

Neben der Verhaltenstherapie gibt es weitere therapeutische Ansätze, die deinem Kind helfen können. Dazu gehören die Ergotherapie oder Selbsthilfegruppen. In einigen Fällen wird auch eine Familientherapie empfohlen, um das gesamte Familiensystem zu unterstützen. Auf diese Weise lassen sich Spannungen reduzieren, die durch ADHS entstehen können.

Es gibt also wirklich viele Optionen, deinem Kind zu helfen. Am wichtigsten ist, dass ihr als Familie einen Weg findet, der für euch funktioniert. ADHS ist kein unüberwindbares Hindernis, sondern eine Herausforderung, die ihr gemeinsam mit der richtigen Unterstützung bewältigen könnt.

Unterstützung durch Schulen und Lehrkräfte

Schule ist anstrengend – das gilt mit Sicherheit für jedes Kind. Trotzdem ist der Schulalltag für dein Kind noch einmal eine ganz andere Herausforderung. Es muss

- viele Stunden stillsitzen,
- sich permanent konzentrieren, auch wenn es eine Sache absolut uninteressant findet
- und seine Impulse kontrollieren.

Doch genau das sind ja laut Definition die Dinge, die es aufgrund seiner Superpower ADHS eigentlich nicht kann. Dazu herrscht im Klassenzimmer ständig Ablenkung durch die anderen Kinder. Dein ADHS-Kind leistet in der Schule also

Schwerstarbeit, indem es permanent versucht, den Anforderungen der Lehrer gerecht zu werden. Schafft es das nicht, bekommt es trotz seiner Anstrengung noch schlechte Noten. Die Schule macht keinen Spaß mehr, dein Kind ist frustriert, ein Teufelskreis entsteht. Für dich als Elternteil stellt sich die Frage: „Können die Lehrer in der Schule meinem Kind helfen, seine Stärken zu nutzen und mit den Herausforderungen umzugehen?" Die Antwort lautet leider: Ja, sie können und meistens wollen sie auch – aber in der Praxis ist es schwierig. **Denn:** In den meisten Regelschulen ist die Inklusion von Kindern mit ADHS bislang nicht weit vorangeschritten. Im hektischen Schulalltag mit vielen Kindern haben die Lehrer kaum eine Chance, individuell auf ein ADHS-Kind einzugehen. Trotzdem gibt es Mittel und Wege, wie die Schule dein Kind unterstützen kann.

Offene Kommunikation mit Lehrkräften

Das A und O ist, dass du als Elternteil auch die Schule einbeziehst. Suche ein offenes und ehrliches Gespräch mit den Lehrkräften deines Kindes. Kläre sie über die Diagnose auf und erzähle ihnen, was dein Kind braucht. Das hilft ihnen, seine Verhaltensweisen besser zu verstehen. Die Lehrer werden dein Kind dann nicht mehr als unerzogenen Störenfried wahrnehmen, sondern als das, was es ist: ein besonderes Kind mit einer Superpower, das einfach nur anders denkt und lernt als die übrigen Kids.

Ein regelmäßiger Austausch über Fortschritte und Probleme hilft dir und den Lehrkräften dabei, das Beste für dein Kind herauszuholen. Pädagogen und Eltern arbeiten im Idealfall Hand in Hand, statt sich aneinander aufzureiben. Dein Kind hat eine besondere Art, die Welt zu sehen, das stimmt. Aber mit der richtigen Unterstützung kann es auch in der Schule seine Superpower entdecken und entfalten.

Anpassungen im Unterricht

Bringe auch Verständnis für die Lehrkräfte deines Kindes auf. Im hektischen Schulalltag ist es für Lehrer kaum möglich, individuell auf Kinder mit Problemen einzugehen. Dennoch gibt es Möglichkeiten, kleine Anpassungen vorzunehmen, um dein Kind mit ADHS zu unterstützen. Sprich mit den Lehrern, ob folgende Optionen möglich sind:

- Ein Platz in der ersten Reihe, abseits von lauten Mitschülern, um Ablenkungen zu minimieren
- Visuelle Hilfsmittel wie Checklisten oder strukturierte Arbeitsblätter, damit dein Kind leichter den Überblick behält
- Klare, einfache Aufgabenstellungen, die sich in kleine, verständliche Schritte zerlegen lassen

Schon diese kleinen Maßnahmen können den Unterschied ausmachen und deinem Kind helfen, sich besser zurechtzufinden.

Routine im Schulalltag als Schlüssel

Kinder mit ADHS brauchen Struktur. Ein klarer Tagesablauf und feste Routinen im Klassenzimmer geben ihnen Sicherheit. Lehrer können darauf achten, dass ihr Unterricht klar strukturiert ist. Dein Kind braucht vielleicht länger, um eine Aufgabe abzuschließen, aber feste Rituale können ihm helfen. Dadurch fühlt es sich in der Klasse wohler und kann besser mit den Anforderungen umgehen. Lehrkräfte müssen sich dafür nicht speziell auf dein Kind konzentrieren. Das wäre im Schulalltag auch gar nicht machbar. Trotzdem kann dein Kind von durchdachten Strukturen profitieren. Bitte die Lehrer deines Kindes, derartige Strukturen in den Unterricht zu integrieren. Biete gerne auch konkrete Beispiele an:

- **Visualisierte Tagespläne**
  Ein gut sichtbarer Stundenplan im Klassenzimmer hilft, den Überblick zu behalten. Lehrer verwenden am besten Symbole oder Farben, um die verschiedenen Fächer oder Aktivitäten kenntlich zu machen. So weiß dein Kind mit ADHS genau, was als Nächstes kommt – und kann sich darauf einstellen.

- **Feste Rituale für den Unterrichtsbeginn**
  Jeder Schultag könnte mit einem festen Ritual beginnen: etwa mit einem gemeinsamen Morgenkreis oder einer kurzen Bewegungsübung. Diese wiederkehrende Routine gibt deinem Kind mit ADHS Halt und Sicherheit.

- **Kurze und klare Anweisungen**
  Lehrer eines ADHS-Kindes sollten darauf achten, Aufgaben in kleinen, leicht verständlichen Schritten zu erklären. Lange Anordnungen oder komplexe Aufgabenstellungen überfordern Kinder mit ADHS. Präzise Anweisungen hingegen kann ein Kind mit der Superpower viel besser verstehen und ausführen.

- **Pausen sinnvoll nutzen**
  Regelmäßige, kurze Bewegungspausen im Unterricht helfen Kindern mit ADHS, ihre Energie abzubauen und sich danach wieder besser zu konzentrieren. Besprich mit den Lehrkräften, ob sich solche Pausen in den Unterricht integrieren lassen.

- **Arbeitsmaterialien bereitstellen**
  Durchdachte Strukturen zu schaffen, bedeutet auch, dass Materialien immer am gleichen Platz liegen. Stifte, Bücher und andere Hilfsmittel sollten klar zugeordnet und leicht erreichbar sein. Dann wird dein Kind nicht unnötig abgelenkt, wenn es etwas benötigt.

Diese einfachen, durchdachten Gefüge erfordern keine besondere Anpassung nur für dein Kind. Im Gegenteil: Sie kommen allen Schülern zugute. Trotzdem profitieren Kinder mit ADHS besonders stark davon. Ihnen hilft diese klare Struktur, sich sicherer und wohler zu fühlen – und somit letztlich bessere Lernergebnisse zu erzielen.

Tipps für den Alltag: Routinen, Strukturen und Hilfestellungen

Der Alltag mit einem ADHS-Kind ist eine Herausforderung – nicht nur für dich als Elternteil, sondern auch für dein Kind. Wenn ihr Hand in Hand arbeitet, statt gegeneinander zu kämpfen, wird es aber automatisch leichter. Was in der Schule gilt, zählt auch für daheim: Minimale Anpassungen genügen schon, damit dein Kind sich besser zurechtfindet. Und das hilft, euren Familienalltag zu entspannen. Probiere die folgenden zehn Tipps aus, um eine Struktur in eurem Zuhause zu etablieren und dein Kind bestmöglich zu unterstützen:

1. **Feste Morgenroutine**
   Starte den Tag mit einer klaren Struktur. Wiederhole jeden Morgen die gleichen Abläufe: Aufstehen, Zähneputzen, Anziehen, Frühstücken. Es gibt kaum eine bessere Möglichkeit, deinem Kind Orientierung zu geben.

2. **Kurze und klare Anweisungen**
   Richte dich mit präzisen und einfachen Aufgaben an dein Kind. Sag nicht einfach „Mach dich fertig", sondern lieber „Zieh deine Schuhe an" und „Nimm deinen Rucksack".

3. **Visuelle Hilfsmittel**
   Nutze Checklisten oder Bildkarten, um den Tagesablauf zu veranschaulichen. Dein Kind hakt die Aufgaben nacheinander ab und behält so leichter den Überblick.

4. **Stoppuhren verwenden**
   Setze Timer ein, um bestimmte Anforderungen zeitlich zu begrenzen. So weiß dein Kind genau, wie viel Zeit es noch hat und kann sich besser konzentrieren.

5. **Feste Pausen einplanen**
   Zwischen verschiedenen Aufgaben helfen kurze Pausen, in denen dein Kind sich bewegen oder entspannen kann. **Du wirst sehen:** Nach drei Minuten Pause kann dein Kind mit viel mehr Konzentration zur Arbeit zurückkehren.

6. **Ruhige Umgebung schaffen**
   Ein aufgeräumter und ruhiger Arbeitsplatz ohne viele Ablenkungen hilft deinem Kind, sich besser zu fokussieren.

7. **Lob und Belohnungen**
   Belohne dein Kind für seine Erfolge im Alltag – durch lobende Worte oder ein kleines Geschenk. Positive Verstärkung motiviert und stärkt das Selbstbewusstsein.

8. **Vorbereitung am Vorabend**
   Bereite gemeinsam mit deinem Kind am Abend den nächsten Tag vor: Packe den Schulrucksack und lege Kleidung bereit. Das spart morgens Zeit und reduziert unnötigen Stress.

9. **Bewegung einbauen**
   Sport hilft, überschüssige Energie abzubauen. Plane regelmäßige körperliche Aktivitäten ein, um deinem Kind ein Ventil zu bieten, sodass es „Dampf ablassen" kann. Es muss gar nicht viel sein: Ein paar Hampelmänner oder Kniebeugen sind ausreichend.

10. **Geduld und Flexibilität**
    Jedes Kind ist anders. Sei geduldig und probiere verschiedene Methoden aus. Irgendwann findest du, was für dein Kind am besten funktioniert.

Du brauchst noch mehr praktische Tipps? Kein Problem! Im nächsten Teil des Buches warten 77 konkrete Wege auf dich, die dir zeigen, wie du diese Tipps umsetzen kannst. Damit zeigst du deinem, wie es seine Superpower in Alltag, Schule, Freundeskreis und Freizeit zu seinem Vorteil nutzt.

Teil II

77 WEGE, UM MIT DER SUPERPOWER ADHS UMZUGEHEN

Dein Kind hat die Superpower ADHS – und das bringt besondere Herausforderungen, aber auch großartige Potenziale mit sich. **Die Frage ist:** Wie könnt ihr diese besondere Fähigkeit gemeinsam so lenken, dass dein Kind sich bestmöglich entfalten kann? Genau hier setzt der dritte Teil dieses Buches an. Du findest im Folgenden insgesamt 77 praxiserprobte und kreative Wege. Sie helfen dir, die Herausforderungen im Familienleben zu meistern und die Stärken deines Kindes gezielt zu fördern. Folgende Themengebiete beleuchten wir dabei genauer:

- Erziehung und Kommunikation im Alltag (Kapitel 3)
- Schule und Lernen (Kapitel 4)
- Soziale Beziehungen und Emotionen (Kapitel 5)
- Freizeit und Hobbys (Kapitel 6)

Erfahre, wie du die Kommunikation mit deinem Kind optimierst und seine Lernfähigkeit steigerst. Ich zeige dir außerdem, wie du ihm beim Umgang mit intensiven Gefühlen hilfst. Nutze die spielerischen Techniken, um die Konzentration deines Kindes zu verbessern, den Alltag zu strukturieren und Entspannung zu finden. **Also dann:** Lass uns deine Reise auf dem Weg zu mehr Gelassenheit im Umgang mit ADHS gemeinsam beginnen!

Kapitel 3: Erziehung und Kommunikation im Alltag

Im Familienalltag mit deinem ADHS-Kind ist eine klare Kommunikation ebenso entscheidend wie eine durchdachte Erziehung. Sinnvolle Strukturen und verständliche Anweisungen helfen ihm, Herausforderungen zu meistern. Lies hier, wie du deinen Erziehungsstil und die Kommunikation mit deinem Kind anpasst, um ein harmonisches Miteinander zu fördern. **Fest steht nämlich:** In einer liebevollen und wertschätzenden Umgebung kann dein Kind seine Superpower ADHS viel besser einsetzen.

Positives Feedback und Belohnungssysteme

Ein positives Feedback ist die Basis für eine gute Kommunikation mit deinem Kind. Die wertschätzenden Rückmeldungen motivieren es und stärken das Selbstbewusstsein. Auch gezielte Belohnungssysteme empfehlen sich für ADHS-Kinder. Richtig eingesetzt helfen sie, unerbetene Verhaltensweisen zu reduzieren und das gewünschte Verhalten zu fördern. Jetzt lernst du vier Wege kennen, um dein Kind spielerisch zu unterstützen – und zwar völlig ohne Druck oder Zwang.

1. Weg: Belohnungskiste

Mit einer Belohnungskiste kannst du das positive Verhalten bei deinem Kind auf einfache, aber doch effektive Weise fördern. Besorge dir eine Kiste und fülle sie mit kleinen Belohnungen:

- Spielzeuge
- Sammelkarten
- Aufkleber
- Bastelmaterial
- Gutscheine für gemeinsame Erlebnisse

Immer, wenn dein Kind eine Aufgabe gut erledigt oder sich an Absprachen hält, darf es sich etwas daraus aussuchen. Das Schöne an der Belohnungskiste ist, dass sie flexibel einsetzbar ist: Ob nach einer gelungenen Hausaufgabe, einem erfolgreich durchgeführten Morgenritual oder nach einem stressfreien Einkaufen: Du entscheidest, wann du eine Belohnung für sinnvoll erachtest. Dein Kind wird sich immer darüber freuen. Für ein Kind mit ADHS ist diese Methode äußerst motivierend, da es durch sichtbare, greifbare Belohnungen optimal angespornt wird. Es begreift den Zusammenhang zwischen seinem Handeln und den positiven Konsequenzen besser als bei anderen Systemen. So verstärkst du das gewünschte Verhalten gezielt – absolut ohne Druck oder Strafen.

2. Weg: Der Belohnungsmarienkäfer

Nutze den Belohnungsmarienkäfer als kreative und visuelle Methode, um dein Kind für positives Verhalten zu belohnen. Male einen großen Marienkäfer auf ein Poster und zeichne die Punkte auf seine Flügel. Sie bleiben anfangs weiß, weil sie für die Aufgaben stehen, die dein Kind erledigen soll, etwa:

- eine bestimmte Routine einhalten
- sein Zimmer aufräumen
- beim Essen stillsitzen

Hat es die Anforderung erfüllt, malt es einen Punkt schwarz aus. Wichtig ist, dass ihr vorab vereinbart, was dein Kind machen muss, damit es einen Punkt ausmalen darf. Das Ausmalen findet außerdem sofort nach der erfüllten Aufgabe statt, damit dein Kind direkt eine positive Rückmeldung erhält. Diese unmittelbare Belohnung sorgt dafür, dass die Verbindung zwischen dem Verhalten und dem Erfolg für dein Kind deutlich wird. Sobald alle Punkte schwarz sind, erhält dein Kind die zuvor festgelegte Belohnung. Wähle etwas aus, das dein Kind wirklich möchte, damit es eine ausreichende Motivation hat. Das kann ein gemeinsames Spiel, ein Ausflug oder auch mal ein neues Spielzeug sein. Der Belohnungsmarienkäfer fördert die Freude am Erfolg und stärkt das Selbstbewusstsein deines Kindes. Nebenbei bietet er einen tollen Anreiz, sich wirklich um das gewünschte Verhalten zu bemühen.

3. Weg: Das Spiel um lachende Gesichter

Mit dem Spiel um lachende Gesichter beeinflusst du spielerisch das Handeln deines Kindes. Stellt gemeinsam klare Regeln auf. Besprecht vorab, welches Verhalten sich dein Kind in bestimmten Situationen an- oder abgewöhnen soll. **Ein klassisches Beispiel:** Du wünschst, dass es beim Essen stillsitzt. Zeichne auf ein Blatt eine Reihe von zehn Gesichtern. Es können auch mehr oder weniger sein – ganz so, wie es für eure Situation passt. **Aber Achtung:** Am Anfang sind die Gesichter nur leere Kreise. Ob sie am Ende lachen oder weinen, hängt vom Verhalten deines Kindes ab. Male unter die Reihe ein rotes, trauriges Gesicht in Rot und notiere darüber deinen Namen. Daneben kommt ein grünes, fröhliches Gesicht, das du mit dem Namen deines Kindes beschriftest.

Legt die Spielzeit fest – zum Beispiel auf einen Tag oder eine Mahlzeit. Jetzt kann das Spiel beginnen. Die Gesichter in der Reihe gehören am Anfang noch niemandem. Sobald dein Kind beim Essen zappelt oder aufsteht, verliert es ein Gesicht an dich. **Das heißt:** Du darfst in Rot ein trauriges Gesicht in einen leeren Kreis malen. Am Ende der Spielzeit – also etwa nach dem Essen – malt dein Kind in Grün die übrigen Gesichter fröhlich an. Vergleicht, wer zum Schluss mehr Gesichter für sich gewonnen hat. Dieses System ist ideal, wenn du ein unerwünschtes Verhalten reduzieren möchtest, das dein Kind häufig an den Tag legt. **Denn:** Selbst, wenn es das Ziel nicht vollständig erreicht, hat es dennoch die Möglichkeit, kleine Fortschritte zu erleben. Es darf ja auch schon lachende Gesichter anmalen, wenn es nur dreimal aufgestanden ist, statt wie sonst zehnmal. Das stärkt die Motivation und das Selbstbewusstsein.

4. Weg: Verbale Verstärkung

Unterschätze nicht die Macht deiner Worte, wenn du positives Verhalten bei deinem Kind fördern willst. Positive Verstärkung kann so machtvoll sein wie ein effektives Belohnungssystem. Hierbei geht es darum, dein Kind sofort und gezielt für das gewünschte Verhalten zu loben. **Aber Vorsicht:** Du sollst nicht einfach nur mit allgemeinem Lob um dich werfen. Anstatt nichtssagende Kommentare wie „Gut gemacht" zu verwenden, beschreibst du genau, was es richtig gemacht hat.

Ein Beispiel: „Du hast deine Schuhe direkt angezogen!" Oder: „Heute hast du deine Aufgaben richtig konzentriert erledigt." Schenkst du deinem Kind dabei noch ein strahlendes, ehrliches Lächeln, ist das eine enorme Anerkennung.
Achte darauf, dass das positive Feedback unmittelbar nach dem gewünschten Handeln erfolgt. So weiß dein Kind genau, wofür du es lobst, und kann das Verhalten in Zukunft besser wiederholen. Diese klare und sofortige Rückmeldung stärkt sein Selbstbewusstsein und fördert seine Motivation, weiterhin positiv zu handeln. Mit verbaler Verstärkung schaffst du eine positive Atmosphäre, in der dein Kind sich wertgeschätzt und unterstützt fühlt.

5. Weg: Erfolgstagebuch schreiben

Setze dich einmal am Tag mit deinem Kind zusammen und notiert alle Erfolge des Tages in einem Tagebuch! Das ist eine tolle Möglichkeit, die Fortschritte bewusst wahrzunehmen und stolz darauf zu sein. Es müssen auch gar nicht immer riesige Erfolgserlebnisse sein. Auch die kleinen Dinge zählen, etwa: „Ich habe mich in der Schule konzentriert." Oder: „Heute habe ich alleine mein Zimmer aufgeräumt." Der Fokus liegt darauf, das Positive zu erkennen und zu feiern, damit dein Kind seine Superpower erkennt.
Diese Methode stärkt das Selbstwertgefühl. Sie hilft deinem Kind, sich auf das zu fokussieren, was es gut kann, anstatt auf das, was nicht klappt. Besonders Kinder mit ADHS erleben häufig Rückmeldungen zu negativen Verhaltensweisen. Mit dem Erfolgstagebuch lenkt ihr die Aufmerksamkeit bewusst auf die Erfolge – und das wird ihm unglaublich guttun. Regelmäßig über den Tag zu reflektieren, trägt zudem zu mehr Achtsamkeit und einer besseren Motivation bei. Probiert es aus und du wirst sehen: Bald ist das Erfolgstagebuch ein wertvoller Begleiter im Alltag mit deinem ADHS-Kind!

Strukturen schaffen, die ADHS-Kinder brauchen

Du kennst das ja: Dein Kind hat morgens Probleme, sich anzuziehen und pünktlich in der Schule zu sein. Eine feste Routine kann hier Abhilfe schaffen! Führe eine wiederkehrende Morgenroutine ein,

bei der dein Kind jeden Tag dieselben Schritte befolgt: Es steht auf, geht zur Toilette, zieht sich an, frühstückt und dann geht es los. Dies gibt ihm Sicherheit und Struktur. Untermale das am besten noch mit visuellen Hilfsmitteln und/oder Checklisten. So sieht dein Kind genau, was als Nächstes kommt, und fühlt sich weniger gestresst. Routinen sind vor allem für Kinder mit ADHS von unschätzbarem Wert, weil sie den Alltag viel überschaubarer gestalten. Die Regelmäßigkeit schafft Stabilität in einer Welt, die sich für dein Kind oft chaotisch anfühlt.

6. Weg: Der Tagesplan

Ein strukturierter Tagesplan hilft deinem Kind, den Überblick über die täglichen Abläufe zu behalten. Dadurch kann es Aufgaben leichter bewältigen. Ein klarer Plan mit Bildern zeigt, was am Tag alles geschieht: Was steht nach der Schule an? Wann ist der nächste Arzttermin? Kommt heute noch ein Freund nach Hause? Dieses Wissen gibt Sicherheit. Setze dich gemeinsam mit deinem Kind hin und gestaltet den Tagesplan. Ob als Poster an der Wand oder als Plan zum Abhaken: Wählt ein Format, das für dein Kind gut nachvollziehbar ist.
Es bietet sich an, den Plan in Zeitblöcke aufzuteilen – also morgens, mittags, nachmittags und abends. Halte unbedingt auch Pausen und Mahlzeiten darin fest. Damit stellst du sicher, dass dein Kind weiß, wann Zeit für Ausgleich und Erholung ist. Hänge den Tagesplan an einer gut sichtbaren Stelle auf, damit dein Kind sich jederzeit daran orientieren kann. Eine gute Idee ist, den Tagesplan zu einem Wochenplan zu erweitern. Macht es euch immer sonntags zum Ritual, einen flexiblen Plan für die gesamte kommende Woche zu erstellen. Diese Struktur schafft Verlässlichkeit und hilft deinem Kind, das Gefühl von Chaos zu reduzieren.

7. Weg: Wettlauf gegen die Zeit

Dieser Ansatz bringt Spaß und Spannung in alltägliche Aufgaben. Er hilft deinem Kind, Routinen wie das Anziehen oder den Schulweg spielerisch zu meistern. Bummelt dein Kind beispielsweise immer morgens nach dem Frühstück und braucht ewig, bis es endlich am Auto ist? Dann mach einen Wettkampf daraus. „Mal sehen, wer zuerst am Auto ist!" Du wirst überrascht sein: Dein Kind wird sich auf einmal richtig beeilen. Du kannst auch morgens einen Timer stellen und dein Kind herausfordern. Wird es ihm gelingen, sich vor dem Klingeln fertig

anzuziehen? Eine andere Variante: Stoppe die Zeit für eine Tätigkeit und notiere sie. Kann dein Kind diese Zeit am folgenden Tag noch toppen?
Dieser spielerische Wettbewerb fördert zum einen das Zeitgefühl deines Kindes. Zum anderen hilft er ihm, Aufgaben fokussierter und mit mehr Motivation anzugehen. **Denn:** Durch die Zeitvorgabe bekommt dein Kind den natürlichen Anreiz, sich selbst zu übertreffen. **Aber Vorsicht:** Setze die Zeitlimits nicht zu oft oder zu streng ein. Wenn dein Kind das Gefühl hat, immer unter Zeitdruck zu stehen, erzeugt dies eher Stress und Frustration. Dosiert eingesetzt, bleibt das Spiel ein positives und effektives Werkzeug. Es hilft, Alltagssituationen zu bewältigen, ohne dein Kind zu überfordern.

8. Weg: Morgen- und Abendroutine

Eine feste Morgen- und Abendroutine ist besonders für Kinder mit ADHS hilfreich. Solche Rituale bieten ein hohes Maß an Sicherheit und Orientierung – und ein ADHS-Kind braucht bekanntermaßen beides. Durch wiederkehrende Abläufe weiß dein Kind nach kurzer Zeit genau, was als Nächstes kommt. Dadurch fühlt es sich deutlich weniger gestresst. Natürlich kannst du kaum deinen kompletten Alltag in Routinen gestalten. **Aber:** Zumindest die Morgen- und die Abendroutine sind wichtig. Am Morgen hilft die Struktur, den Tag entspannter zu beginnen. Abends sind kleine Rituale perfekt, damit dein Kind besser einschläft. Im Folgenden habe ich zwei Beispiele für dich, wie du eine Morgen- und Abendroutine mit deinem ADHS-Kind gestalten könntest.

Morgenroutine:

- Du weckst dein Kind mit einem ruhigen Lied, das es gerne mag.
- Du fragst es, wie es geschlafen hat, und bietest ihm eine Kuscheleinheit an.
- Ihr geht gemeinsam ins Bad.
- Dein Kind geht zur Toilette und zieht sich an, während du das Frühstück zubereitest.
- Ihr frühstückt gemeinsam und besprecht den bevorstehenden Tag.
- Dein Kind putzt die Zähne und zieht sich dann Jacke und Schuhe an.
- Ihr macht euch auf den Weg.

Abendroutine:

- Etwa eine halbe Stunde vor dem Abendessen verweist du auf den Beginn des Abendrituals.
- Ab jetzt wird nur noch ruhig gespielt und alle Bildschirme bleiben aus.
- Ihr kümmert euch zusammen um das Abendbrot und dein Kind hilft beim Tischdecken.
- Beim Abendessen sprecht ihr über die Ereignisse des Tages.
- Wenn es mit dem Essen fertig ist, notiert es seine Erfolge in seinem Erfolgstagebuch.
- Den Tisch räumt ihr gemeinsam wieder ab.
- Dein Kind wäscht sich und zieht die Schlafsachen an.
- Es putzt sich die Zähne und geht ins Bett.
- Du liest ihm noch eine Einschlafgeschichte vor.
- Danach stellst du seine Einschlafmusik ein und verlässt den Raum, damit es schlafen kann.

Natürlich kannst du diese Routinen individuell an dein Kind und eure Familie anpassen – das sollst du sogar. Die hier beschriebenen Rituale dienen lediglich zur Anregung, wie solche Morgen- und Abendroutinen aussehen könnten.

9. Weg: Regelmäßige Mahlzeiten

Im Alltag mit deinem ADHS-Kind solltest du darauf achten, dass ihr zu regelmäßigen Zeiten esst. Das hat mehrere Gründe. Zum einen hilft es, den Blutzuckerspiegel stabil zu halten und Energieeinbrüche zu vermeiden. Zum anderen sind die Mahlzeiten ein wichtiger Teil der Tagesstruktur. Gerade Kinder mit ADHS, die leicht in Hektik geraten, brauchen eine festgelegte Struktur beim Essen. **Deshalb:** Lege geregelte Essenszeiten fest – und halte sie ein. Zum Beispiel:

- Morgens 8 Uhr: Frühstück
- Mittags 12 Uhr: Mittagessen
- Nachmittags 15 Uhr: gesunder Zwischensnack
- Abends 18 Uhr: Abendessen

Natürlich muss das Essen nicht jeden Tag zur exakt gleichen Zeit auf dem Tisch stehen. Versuche dennoch, die Zeiten möglichst täglich einzuhalten. Dein Kind wird dann seltener unruhig oder impulsiv aufgrund von plötzlichem Hunger. Die konstante Energie hilft ihm stattdessen, Herausforderungen im Alltag ruhiger anzugehen.

Wege zu mehr Geduld: Was hilft in stressigen Momenten?

Dein Kind sitzt seit fünf Minuten an den Hausaufgaben. Plötzlich ertönt ein lautes Krachen: Es schlägt das Buch zu. Auf deine Rückfrage, was denn los ist, kommt nur eine barsche Antwort: „Ich weiß nicht, wie das geht. Ich bekomme es sowieso nicht hin." Viele Kinder mit ADHS haben das Problem, dass sie schnell die Geduld verlieren, wenn ihnen etwas nicht sofort gelingt. Zum Glück gibt es Strategien, den Geduldsfaden deines Kindes zu verlängern. Dafür braucht es vor allem eine Sache: ein gutes Stressmanagement. *Und das kann es lernen!*

10. Weg: Progressive Muskelentspannung

Unter den Entspannungstechniken ist die progressive Muskelentspannung (PME, auch: progressive Muskelrelaxation, PMR) sehr verbreitet. Kein Wunder, hilft sie doch effektiv, Spannung abzubauen und den Körper zu beruhigen. Somit ist PMR ideal für Kinder mit ADHS, die in Stress geraten, wenn etwas nicht sofort klappt. Und so funktioniert die progressive Muskelentspannung: Der Körper wird schrittweise entspannt, indem bestimmte Muskelgruppen erst angespannt und dann wieder gelockert werden. Diese Strategie lenkt die Aufmerksamkeit auf den Körper und hilft, die innere Anspannung zu reduzieren.

Wenn dein Kind also spürt, dass es frustriert ist, schiebt eine kurze PMR-Übung ein. Beginnt bei den Händen: Es ballt die Fäuste, hält die Spannung für fünf Sekunden und lässt dann locker. Dann geht es über die Arme, Schultern und Beine immer so weiter. Diese kleinen Übungen sind perfekt, um sich zu sammeln und ruhig zu bleiben. Aber auch vorbeugend kann PMR eingesetzt werden – etwa als Bestandteil eurer Morgen- oder Abendroutine. **Denn:** Progressive Muskelentspannung ist eine wertvolle Methode, um sich Pausen zu gönnen und den Umgang mit Frustration zu lernen.

11. Weg: Fantasiereise

Du möchtest, dass dein Kind zur Ruhe kommt, wieder zu sich findet und seinen Fokus lenkt? Dann probiere es mit einer kleinen Fantasiereise. Dabei führst du dein Kind durch eine Geschichte, in der es sich eine angenehme, friedliche Umgebung vorstellt. Meist ist das ein schöner Wald, ein Strand oder ein Bachufer. Solche Fantasiereisen fördern die Vorstellungskraft und lassen das Kind abschalten und entspannen. Gerade in akuten, stressigen Momenten sind sie hilfreich, aber auch zur Stressprävention. Im Folgenden habe ich ein Beispiel für dich. Lies es deinem Kind mit ruhiger, sanfter Stimme vor.

„Schließe die Augen. Konzentriere dich auf deinen Atem und atme ruhig ein und aus. Jetzt stell dir vor, du stehst barfuß auf einer weichen Wiese. Das Gras fühlt sich kühl an deinen Füßen an. Die Sonne wärmt dein Gesicht und du hörst die Vögel singen. Du atmest tief ein und spürst, wie du ganz ruhig wirst. Langsam gehst du über die Wiese und entdeckst einen großen Baum. Dort setzt du dich in den Schatten und lehnst dich an den festen Stamm. Du spürst, wie die Stärke und Geduld des Baumes auf dich übergehen. Genau wie dieser Baum bist du fest in dieser Welt verwurzelt. Nichts kann dich so einfach umwerfen."

Fantasiereisen wie diese fördern ein Gefühl von Sicherheit und Geborgenheit. Sie helfen ADHS-Kindern, ihre innere Balance zu finden und neue Energie zu schöpfen.

12. Weg: Achtsamkeitsübung 5-4-3-2-1

Diese Achtsamkeitsübung ist perfekt, um sich in stressbeladenen Situationen im Hier und Jetzt zu verankern und zu entspannen. Da sie einfach zu erlernen und zu merken ist, eignet sie sich perfekt für Kinder mit ADHS. Sie schult den achtsamen Blick für die Umgebung und ist ideal, wenn sich dein Kind überfordert oder ungeduldig fühlt. So geht die 5-4-3-2-1-Strategie:

- **5 Dinge sehen**: Das Kind schaut sich fünf Dinge im Raum genau an und beschreibt gedanklich Farbe, Form und Größe.
- **4 Geräusche hören**: Es konzentriert sich auf vier verschiedene Geräusche in der Umgebung. Was kann es alles hören?

- **3 Körperempfindungen spüren**: Das Kind spürt genau hin, wie sich drei Bereiche seines Körpers anfühlen: etwa die Hände, der Kopf oder die Füße.
- **2 Gerüche wahrnehmen**: Nun schnuppert es einmal intensiv. Kann es zwei verschiedene Gerüche feststellen? Welche sind das und wo kommen sie her?
- **1 Geschmack schmecken**: Zum Abschluss fokussiert sich dein Kind noch ganz auf seinen Geschmackssinn. Was schmeckt es im Moment? Wie würde es diesen Geschmack beschreiben?

Wichtig ist, dass dein Kind nicht bewertet, was es wahrnimmt, sondern es einfach nur als neutraler Beobachter feststellt. Du wirst erstaunt sein, wie sehr diese kurze Übung hilft, das kindliche Bewusstsein in den Moment zu lenken.

13. Weg: Kinderyoga

Yoga ist eine tolle Möglichkeit, um bei ADHS den inneren Bewegungsdrang zu befriedigen und gleichzeitig zu mehr Entspannung beizutragen. Dein Kind kann mit altersgerechten Übungen die Körperwahrnehmung verbessern, Stress abbauen und das Gleichgewicht stärken. Beim Yoga übt es, sich gezielt zu fokussieren. Drei einfache Yoga-Übungen für Kinder sind etwa:

- **Der Baum**: Das Kind stellt sich fest auf ein Bein. Das andere hebt es und legt den Fuß unterhalb oder oberhalb des Knies am Standbein ab. Die Hände streckt es seitlich aus und führt sie vor der Brust oder über dem Kopf zusammen. Dies ist eine perfekte Übung für eine gute Balance.
- **Katze und Kuh:** Dein Kind geht in den Vierfüßlerstand. Die Hände sind direkt unter den Schultern und die Knie unter den Hüften. Es beginnt mit der „Kuh". Dafür lässt es den Rücken nach unten sinken und drückt den Bauch zum Boden. Den Kopf hebt es nach oben an. Es schaut nach vorn und atmet tief ein. Beim Ausatmen wölbt es den Rücken wie eine Katze, die einen Buckel macht. Es zieht das Kinn zur Brust und schaut nach unten. Der Bauch zieht sich ein und der Rücken wird zu einem runden Buckel.

- **Haltung des Kindes:** Dein Kind kniet sich hin und legt den Oberkörper nach vorn auf die Oberschenkel. Die Arme liegen ausgestreckt. Es lässt alle Anspannungen in den Muskeln los. Diese Haltung beruhigt und gibt ein Gefühl der Geborgenheit.

Aber es gibt noch viele weitere geeignete Übungen. Ein Yoga-Kurs für Kinder ist empfehlenswert, um sie richtig zu erlernen und dann regelmäßig im Alltag anwenden zu können.

Wut und Impulsivität: Praktische Tipps zur Deeskalation

Schon wieder schmeißt dein Kind die Spielfiguren über das Spielbrett, weil es bei „Mensch, ärgere dich nicht" verloren hat – und sich eben doch ärgert. Das führt bei einem Kind mit ADHS schnell zur Eskalation. Und auch impulsives Verhalten steht in vielen Fällen regelmäßig auf der Tagesordnung. Deshalb zeige ich dir jetzt ein paar Wege, wie du die Wut deines Kindes umlenkst und ihm hilfst, seine Reaktionen besser zu steuern.

14. Weg: Wutmonster

Manchmal fällt es einem Kind mit ADHS schwer, seine starken Gefühle in Worte zu fassen. Das gilt vor allem für Wut, denn sie überrollt es oftmals einfach nur. Das Wutmonster hilft ihm, seine Gefühle auszudrücken, ohne darüber sprechen zu müssen oder gar Schaden anzurichten. Gib im einen Zettel und Stifte oder Wasserfarben. Ermutige es, seine Wut bildlich darzustellen. Wie sieht sie gerade aus? Welche Farben hat sie? Ist sie wild und groß? Oder zart und klein? Ist es ein Monster mit gruseligem Gesicht? Lass es das Monster so gestalten, wie die Wut sich für ihn anfühlt. Durch das Zeichnen wird die Wut sichtbarer, wodurch dein Kind seine Emotionen kanalisiert. Das Malen hilft, die Gefühle zu verarbeiten und die Wut zu kontrollieren.

15. Weg: Ampel-Strategie

Für Kinder mit ADHS, die häufig impulsiv handeln, hat sich die Ampel-Strategie als praktisch erwiesen. Sie setzt voraus, dass du dein Kind im Alltag genau beobachtest. Sobald du das Gefühl hast, es reagiert gleich impulsiv, forderst du es auf, sich eine Ampel vorzustellen. Je nachdem, in welcher Situation es sich gerade befindet, kann die Ampel rot, gelb oder grün sein.

- **Rot bedeutet STOPP:** Dein Kind soll tief durchatmen und sich beruhigen, bevor es irgendetwas anderes tut.
- **Gelb heißt NACHDENKEN:** Es überlegt mit dir, welche Optionen es gibt und ob noch eine bessere Lösung möglich ist.
- **Grün heißt LOS:** Ist alles okay? Sind die Gedanken geklärt? Dann ist Handeln erlaubt.

Diese kurze Pause hilft, den ersten Impuls zu reflektieren und überlegter zu reagieren. Du kannst dein Kind dabei unterstützen, die Ampel innerlich „anzuhalten". Das stärkt langfristig Geduld und Impulskontrolle.

16. Weg: Die Wut wegtanzen

Wann hast du das letzte Mal mit deinem Kind getanzt? Ist es länger als eine Woche her, wird es wieder einmal Zeit! Tanzen ist perfekt, um aufgestaute Wut und Frustration loszulassen. Wenn dein Kind wütend ist, kann es rhythmische Bewegungen nutzen, um seine Gefühle auszudrücken. Es schüttelt die Emotionen regelrecht weg. Lass dein Kind ein Lied auswählen und dann darf es einfach tanzen. Dies hilft, die Wut zu kanalisieren. Nebenbei steigert das Tanzen das Wohlbefinden und entspannt den Körper, was den Stress deutlich reduziert.

17. Weg: In ein Kissen boxen

In manchen Fällen ist die Wut so groß, dass dein Kind eine körperliche Entladung braucht. Das ist okay, aber natürlich darf es sich oder andere dabei nicht verletzen und sollte auch nichts kaputtmachen. Biete ihm als Alternative an, in ein Kissen zu boxen. In diese Aktivität kann es seine ganze Energie legen, bis die Wut spürbar nachlässt. So baut sich die Anspannung ab, ohne dass es zu Schaden kommt. Dein Kind lernt durch diese einfache Maßnahme, wie es seine starken Gefühle kontrolliert und sich in sicheren Bahnen abreagiert.

QR-Code für Eltern: Checkliste zur Verbesserung der Kommunikation mit Kindern

Der folgende QR-Code ist für dich, liebes Elternteil. Dahinter verbirgt sich eine Checkliste, die dir Schritt für Schritt hilft, die Kommunikation mit deinem ADHS-Kind zu verbessern.

Kapitel 4: Schule und Lernen

Wenn ich Eltern mit ADHS-Kindern frage, wann sie am häufigsten Streit mit ihren Kids haben, ist die Antwort eindeutig: „Wann immer es um das leidige Thema Schule geht." Und ich stimme da zu 100 Prozent zu. Ob beim Lernen für einen Test, bei den Hausaufgaben oder nachmittags beim Nachhausekommen: Die Schule ist für ein ADHS-Kind mit einem hohen Belastungs- und Streitpotenzial verbunden. Kein Wunder! Für diese Kinder ist der Schulalltag eine enorme Herausforderung. Probleme mit der Konzentration und eine schnell schwindende Motivation machen es ihnen wirklich schwer. Wahrscheinlich kennst du das Problem: Dein Kind kann sich schlecht an Routinen halten und Anweisungen folgen. Der Lernerfolg leidet darunter, was bei dir als Elternteil Frustration auslöst – aber bei deinem Kind logischerweise auch! **Die gute Nachricht ist:** Mit den richtigen Methoden und einer angepassten Unterstützung können ADHS-Kinder ihre besonderen Stärken auch im schulischen Umfeld entfalten. Lies hier, wie du dein Kind dabei unterstützt, sich besser zu organisieren und seine Lernziele zu erreichen.

ADHS und Schulerfolg: Wie Eltern unterstützen können

Du spielst für den Schulerfolg deines Kindes eine entscheidende Rolle. Ich empfehle dir: Unterstütze es gezielt und biete ihm klare Strukturen. Das wird ihm helfen, in der Schule besser zurechtzukommen. **Ganz wichtig dabei:** Gehe individuell auf die Bedürfnisse deines Kindes ein. Dann kann es auch schwierige Herausforderungen meistern.

18. Weg: Der perfekte Arbeitsplatz

Das A und O für Erfolg beim Lernen ist der Arbeitsplatz daheim. Gestalte ihn so, dass dein Kind sich hier bestmöglich entfalten kann. Das bedeutet:

- Stelle den Schreibtisch an einen ruhigen Ort im Raum. Ein Platz in der Nähe eines Fensters ist ideal. So bekommt dein Kind viel natürliches Licht. Ein No-Go sind Plätze mit viel Durchgangsverkehr. Zu groß ist hier die Ablenkungsgefahr!

- Wähle beruhigende Farben für den Arbeitsplatz. Sanfte Blau- oder Grüntöne fördern die Konzentration. Grelle Farben wirken hingegen überreizend.
- Hilf deinem Kind, den Arbeitsplatz aufgeräumt zu halten. Folgendes sollte immer griffbereit sein:
  - Buntstifte
  - Marker
  - Bleistifte
  - Radiergummi
  - Notizblätter liniert und kariert
  - Bastelpapier
  - Lineal
  - Schere
  - Kleber
  - Taschenrechner
- Entferne alles, was vom Lernen ablenken könnte. Das gilt insbesondere für Spielzeuge, elektronische Geräte und unnötige Deko. Eine ruhige Umgebung hilft deinem Kind, seinen Fokus zu halten.

19. Weg: Auf Pausen achten

Du kennst das ja: Dein Kind arbeitet an den Hausaufgaben, doch die Konzentration schwindet. Der Stift wird zum Auto, das Zimmer zur Rennstrecke. Das ist ein deutliches Signal: Es wird Zeit für eine Pause. Gerade für ein Kind mit ADHS sind Pausen im Lernalltag unerlässlich. Achte bei der Gestaltung der Lernpausen auf Folgendes:

- Plane kleine Erholungseinheiten ein. Halte die Pausen lieber kürzer, aber häufiger. Ideal sind kurze Auszeiten alle 15 bis 20 Minuten. Das hilft, die Aufmerksamkeit deines Kindes frisch zu halten.
- Pausen sind perfekt für Bewegung. Hier kann dein Kind überschüssige Energie loswerden. Unternehmt einen kurzen Spaziergang oder macht ein paar Dehnungsübungen. Manchmal reichen auch einige Hampelmänner oder ein verrückter Tanz. Bewegung jeder Art ist ein echter Konzentrationsbooster.

- Kurze Entspannungsspiele sind ebenfalls ideale Pausenfüller. Lass dein Kind ein paar Seiten im Lieblingsbuch lesen oder eine kleine kreative Aktivität erledigen. Das fördert die Motivation, wieder an den eigentlichen Aufgaben weiterzuarbeiten.
- Mach Pausen zu einem festen Ritual. **Und:** Erinnere dein Kind daran, etwa mit einem Timer oder einer Glocke.

Du wirst sehen: Nach der Pause startet dein Kind neu durch. Das erleichtert das Lernen für euch beide und lässt die Laune steigen!

20. Weg: Offene Kommunikation

Dein Kind hat ADHS – aber es ist nicht dumm. Natürlich bemerkt es, dass es anders ist als seine Freunde und Mitschüler. Es spürt genau, dass ihm Dinge schwerfallen, die für Gleichaltrige einfach sind. Diese Erkenntnis tut ihm weh. Sie ist frustrierend und kann das Selbstwertgefühl beeinträchtigen. Gedanken wie „Ich bekomme es ja sowieso nie hin" oder „Ich bin einfach nicht gut genug" kommen schnell auf.

Offene Kommunikation kann hier helfen! Setze dich mit deinem Kind zusammen und besprecht offen seine Superpower ADHS. Erkläre ihm, warum ihm das Lernen manchmal schwerfällt. Erläutere, was ADHS ist und dass sich Kinder mit dieser Besonderheit schlechter konzentrieren können und schneller abgelenkt sind. Betone aber auch, dass das absolut okay ist. Zeige ihm deutlich: „Du bist mit diesen Herausforderungen nicht allein. Gemeinsam finden wir Wege, das Lernen und die Schule leichter zu machen."

Frage gezielt nach bestimmten Fächern, bei denen es besonders schwer ist, am Ball zu bleiben. Gibt es Aufgaben, die es überfordern, oder Situationen, die frustrierend sind? So könnt ihr gemeinsam herausfinden, wo die Schwierigkeiten liegen. Überlegt, was am besten hilft. Vielleicht erkennt dein Kind erst durch das Gespräch, dass es bei langen Texten schneller den Faden verliert. Oder es merkt, dass es bei Matheaufgaben besonders unruhig wird. Wenn ihr offen darüber sprecht, gibst du deinem Kind das Gefühl, verstanden zu werden. So unterstützt du es dabei, selbstbewusster mit seinen Herausforderungen umzugehen.

21. Weg: Lernziel-Bingo

Hilf deinem Kind, die Lernmotivation aufrechtzuerhalten – mit einem kreativen Lernziel-Bingo. Dafür notierst du die Lernziele des aktuellen Tages auf einer Bingo-Karte. Zerlege größere Aufgaben in kleine Häppchen, damit die Ziele sich leicht erreichen lassen. Immer, wenn dein Kind eine Aufgabe abgeschlossen hat, darf es das entsprechende Feld auf der Bingo-Karte abhaken. Hat das Kind eine Reihe abgeschlossen? Perfekt, dann darf es jetzt ein Spiel aussuchen, das ihr gemeinsam spielt. Sobald ihr damit fertig seid, fährt es mit seinen Schularbeiten fort. Diese Methode zeigt deinem Kind deutlich, dass es Fortschritte macht. Das Lernen wird unterhaltsamer und dein Kind wird mit mehr Motivation bei der Sache sein.

22. Weg: Auf die Stärken fokussieren

Fokussiere dich darauf, was dein Kind wirklich gut beherrscht – und dann zeige ihm diese Stärken. Viele Kinder mit ADHS hören laufend Kritik. Sie fühlen sich dadurch schnell entmutigt. Doch wenn du bewusst betonst, was es gut hinbekommt, stärkst du sein Selbstvertrauen. Auf diese Weise unterstützt du seine Motivation. Vielleicht ist dein Kind besonders einfallsreich. Vielleicht hat es ein gutes musikalisches Gehör oder interessiert sich sehr für Naturwissenschaften. All das sind wichtige Talente, die ihr zusammen entdecken und fördern könnt.
Ermutige dein Kind, seine Fähigkeiten auch in der Schule oder beim Lernen einzusetzen. Ein kunstbegeistertes Kind kann etwa mit Zeichnungen effektiver lernen. Wenn dein Kind eine lebendige Fantasie besitzt, begreift es durch Geschichten oder Rollenspiele besser. Indem du die Talente in den Vordergrund stellst, zeigst du deinem Kind etwas ganz Wichtiges. **Nämlich:** Lernen kann Freude bereiten! Es muss dafür nur seinen eigenen Weg finden. Hilf ihm dabei.

23. Weg: Lerntagebuch führen

Ein Lerntagebuch hilft deinem Kind, seinen Fortschritt zu sehen und ein besseres Verständnis von sich selbst zu bekommen. Besonders für Kinder mit ADHS ist Lernen chaotisch. Am Ende der Woche wissen

sie teilweise kaum, womit sie sich beschäftigt haben – geschweige denn, was ihnen schwerfiel. Ein Lerntagebuch bringt hier Ordnung. Es gibt deinem Kind die Möglichkeit, regelmäßig nachzudenken: Was lief heute gut? Was war schwierig? Gab es Momente, in denen es sich besonders gut konzentrieren konnte?
Am besten nehmt ihr euch jeden Tag Zeit, um etwas in das Tagebuch zu schreiben. Du kannst dann gezielte Fragen stellen, die ihm helfen, mehr über seine eigenen Lernwege zu erfahren. So entdeckt es selbstständig seine Stärken und Herausforderungen. Mit der Zeit wird das Tagebuch zu einem wichtigen Begleiter. Es ist der Beweis dafür, dass dein Kind täglich kleine Erfolge erreicht und Fortschritte macht.

Lerntechniken für Kinder mit ADHS

Ein Kind mit der Superpower ADHS lernt anders. Demzufolge braucht es auch andere Lerntechniken. Ich stelle dir nun im Folgenden sechs für ADHS-Kinder geeignete Lernstrategien vor. Sie alle haben sich – nicht nur – bei meinem eigenen Kind als hilfreich erwiesen.

24. Weg: Achtsamkeit zentrieren

Achtsamkeitsübungen vor dem Lernen sind eine super Sache für alle Kinder – aber besonders für jene mit ADHS. **Denn:** Sie helfen, den Kopf erst mal freizubekommen und tragen zu einer guten Fokussierung bei. Übt dein Kind regelmäßig, sich vor den Hausaufgaben zu zentrieren, wird ihm das Lernen leichter fallen. Geeignete Übungen, die dein Kind vorab durchführen kann, sind zum Beispiel:

1. **Atmen wie eine Schildkröte**
   Dein Kind stellt sich vor, dass es wie eine Schildkröte ganz langsam und tief atmet. Gemeinsam macht ihr zehn tiefe Atemzüge: Zählt dabei jeweils bis vier beim Ein- und bis sechs beim Ausatmen. Diese langsame Atmung beruhigt und lenkt den Fokus nach innen.
2. **Stein der Ruhe**
   Gib deinem Kind einen kleinen, glatten Stein. Es schließt die Augen und konzentriert sich ganz und gar auf die Form und Oberfläche des Steins. Für ein paar Minuten einfach fühlen und wahrnehmen: Das lenkt von äußeren Faktoren ab und bereitet das Gehirn auf das Lernen vor.

3. **Summende Biene**
   Lass dein Kind tief einatmen und beim Ausatmen summend den Laut „mmm" machen – eben genauso wie eine Biene. Dabei legt es die Hände sanft auf die Brust, um das Summen zu spüren. Diese Übung beruhigt und bringt zugleich Energie und Wachsamkeit für den Start ins Lernen.

25. Weg: Multisensorisch lernen

Dein Kind mit ADHS profitiert davon, beim Lernen mehrere Sinne gleichzeitig zu nutzen. Multisensorische Lerntechniken helfen, sich besser zu konzentrieren und Informationen leichter zu behalten. Das bedeutet im Klartext:

- Statt Vokabeln nur zu lesen, kann dein Kind sie laut aufsagen.
- Farben und Bilder fördern das Gedächtnis. Lass dein Kind bunte Zeichnungen oder Skizzen anfertigen, die den Lernstoff darstellen.
- Knete oder Bastelmaterial helfen, das Gelernte durch das Fühlen zu verankern.
- Setze Lernspiele wie Puzzles oder Brettspiele ein, um den Lernstoff spielerisch zu festigen.
- Verwende Düfte und Aromen, um das Lernen zu begleiten. Bestimmte Düfte wie Zitrone, Orange, Limette und Grapefruit können die Konzentration und das Erinnern unterstützen.
- Lass dein Kind die Lerninhalte mit verschiedenen Materialien zusammenfassen – etwa mit Collagen, Plakaten oder digitalen Präsentationen.

26. Weg: Timer-Spiel

Ein spielerisch eingesetzter Timer ist eine tolle Methode für mehr Konzentration und ein unterhaltsames Lernen. Gerade, wenn dein Kind sich schwertut, Aufgaben abzuschließen, bringt ein Timer Struktur und Motivation. Wähle gemeinsam mit deinem Kind eine bestimmte Aufgabe: etwa das Einprägen von Vokabeln oder eine Rechenübung. Stelle den Timer auf zehn Minuten. In dieser Zeit soll dein Kind fokussiert arbeiten und Ablenkungen vermeiden. Durch die kurze Zeitdauer gelingt das in der Regel ohne Überforderung.
Ich habe noch einen zusätzlichen Tipp, um die Motivation deines Kindes weiter zu erhöhen: Wenn der Timer klingelt und die Aufgabe erfolgreich abgeschlossen

ist, bekommt es eine kleine Belohnung. Das kann etwas zu knabbern oder ein kurzes Spiel sein. Bei größeren Aufgaben könnt ihr mehrere Timer-Runden durchführen. Viele Kinder mit ADHS nutzen das Timer-Spiel tatsächlich sehr gerne, um fokussiert zu lernen oder Hausaufgaben zu erledigen.

27. Weg: Bewegt lernen

Bewegung ist ein entscheidender Faktor, um die Konzentration beim Lernen zu erhalten. Bewegt zu lernen hilft, sich besser zu konzentrieren und das Gelernte besser zu behalten. **Denn:** Die körperliche Aktivität unterstützt nachweislich den Lernprozess.

Also: Wer sagt denn, dass Kinder beim Lernen immer ruhig sitzen müssen? Animiere dein Kind, stattdessen durch den Raum zu gehen. Es darf auch hüpfen, schaukeln oder rutschen. Seid hier ruhig kreativ und probiert etwas Neues aus. Vokabeln beispielsweise lassen sich gut durch Lauf-und-Lern-Bewegungsspiele aufnehmen. Schreibt sie auf Kärtchen und verteilt sie im Raum. Dein Kind sucht alle Karten und liest die gefundenen Wörter laut vor. Dadurch kann es sich Vokabeln oder Definitionen viel besser einprägen.

Es gibt noch viele weitere Bewegungsspiele zum Lernen. Ein Beispiel sind die Treppen-Vokabeln. Jedes Mal, wenn dein Kind eine Vokabel richtig sagt, darf es eine Stufe hinaufgehen. So wird der Lernprozess aktiver und spannender, was die Motivation erhöht.

28. Weg: In Lerngruppen arbeiten

In Gruppen zu lernen, kann deinem Kind extrem helfen und für zusätzliche Motivation sorgen. Warum Lerngruppen so gut funktionieren? **Ganz einfach:** Zusammen mit anderen Aufgaben zu lösen und sich auszutauschen, macht das Lernen vielseitiger und sozialer. In einer Gruppe wird das Lernen viel lebendiger. Dein Kind kann jederzeit Fragen stellen und Erklärungen von anderen hören. Dadurch entdeckt es verschiedene Blickwinkel. Oft ergeben sich dabei kreative Ansätze, die den Lernstoff interessanter machen und die Aufmerksamkeit aufrechterhalten. So bleibt dein Kind engagiert und kann von den Ideen der anderen profitieren.

Tipps für Lerngruppen:

- Schau, dass die Gruppe gut organisiert ist und klare Lernziele hat, damit es keine Ablenkungen gibt.
- Kurze Pausen und kleine Spiele zwischendurch halten die Motivation hoch.
- Achte darauf, dass die Lerngruppe in einer anregenden Umgebung stattfindet. So kann sich dein Kind wohl und unterstützt fühlen und seine Lernerfolge feiern.

29. Weg: Mindmap erstellen

Eine Mindmap ist ein effektives Werkzeug, um den Lernstoff visuell darzustellen und das Denken zu strukturieren. Somit ist sie perfekt für Kinder mit ADHS, die von visuellen Lernmethoden profitieren. Die Mindmap teilt komplexe Themen in kleinere, leicht verdauliche Einheiten. Zusammenhänge werden sichtbar und es wird leichter für dein Kind, Sachverhalte zu verstehen.
Und so funktioniert es, eine Mindmap zu erstellen:

1. Im Zentrum steht das Hauptthema.
2. Von dort aus zieht dein Kind Linien zu Unterthemen. Die Linien sehen wie Äste eines Baumes aus.
3. Dein Kind kann Farben, Symbole und kleine Zeichnungen nutzen, um jeden „Ast" zu gestalten. Das hilft, das Gelernte besser zu verankern.

Nutzt entweder große Papierbögen oder digitale Mindmapping-Tools. Lass dein Kind eigene Ideen und Begriffe hinzufügen, sodass die Mindmap eine persönliche Struktur erhält. Das Mindmapping macht das Lernen anschaulicher und übersichtlicher. Gerade bei besonders komplexen Themen ist die Mindmap eine wertvolle Lerntechnik.

30. Weg: Musik als Lernhilfe

Musik ist eine kraftvolle Lernunterstützung für Kinder mit ADHS. Sie hilft, eine positive Lernatmosphäre zu schaffen. Außerdem kann die passende Musik die Konzentration fördern und den Lernstoff emotional verankern. **Beachte aber:** Verschiedene Musikstile wirken unterschiedlich auf die Stimmung und Leistungsfähigkeit.

So funktioniert es:

1. **Hintergrundmusik:** Sanfte, instrumentale Musik kann beim Lernen leise im Hintergrund laufen. Klassische Musik oder Naturgeräusche sind ideal, da sie die Konzentration unterstützen, aber nicht ablenken.
2. **Lernlieder:** Dein Kind kann Lerninhalte in Form von Liedern umsetzen. Das Melodische hilft, Informationen zu verankern und sie leichter abzurufen. Kreiert einfach gemeinsam eigene Texte zu bekannten Melodien.
3. **Tanzen:** Dein Kind kann auch beim Lernen zu Musik tanzen. Hier profitiert es gleichzeitig von der Bewegung und der Musik. Viele ADHS-Kinder können auf diese Weise besonders effektiv lernen.

Fakt ist: Durch die Integration von Musik wird das Lernen zu einem kreativen und ansprechenden Erlebnis. So machen die Hausaufgaben gleich doppelt Spaß!

Zusammenarbeit mit Lehrern und Schulen

Die Zusammenarbeit zwischen dir als Eltern und den Lehrern spielt eine wichtige Rolle für den Schulerfolg deines Kindes. Wenn ihr Informationen und Erfahrungen austauscht, könnt ihr passende Unterstützung anbieten und individuelle Lösungen finden. Durch offene Gespräche mit den Lehrern verstehst du die Bedürfnisse deines Kindes besser. Außerdem könnt ihr spezielle Strategien und Methoden besprechen, die sein Lernen verbessern. Ich habe hier sechs Wege, die dir zeigen, wie du deinem Kind als Elternteil aktiv dabei hilfst.

31. Weg: Feedback einholen

Regelmäßige Rückmeldungen von den Lehrern deines Kindes tragen zu seinem Schulerfolg bei. Wenn du mit den Lehrkräften sprichst, erfährst du wichtige Dinge über die Fortschritte deines Kindes. Diese Unterhaltungen zeigen sowohl, was es besonders gut beherrscht, als auch, wo es eventuell Schwierigkeiten gibt. Beachte diese Ratschläge, wenn du mit den Lehrern kommunizierst:

1. Vereinbare regelmäßig Termine mit den Lehrern. Besprecht dort den Lernstand und die Entwicklung deines Kindes. Diese Gespräche bieten

eine gute Gelegenheit, gezielt Fragen zu stellen. Zudem klären sie aufkommende Probleme.

2. Achte genau auf Lernberichte und Bewertungen. Diese enthalten wichtige Hinweise auf die Leistungen deines Kindes. Sie helfen dir dabei, ihm passende Unterstützung anzubieten.
3. Nutze das Feedback, um mit den Lehrern effektive Strategien zum Lernen zu erarbeiten.

Mit offenem Dialog und gezieltem Feedback optimierst du die Lernumgebung deines Kindes. So unterstützt du seine Fortschritte effektiv.

32. Weg: An Elterngesprächen teilnehmen

Zugegeben: Der Gedanke an Lehrer-Eltern-Gespräche bereitet den wenigsten Eltern Freude. Trotzdem solltest du solche Angebote der Lehrkräfte nutzen. **Denn:** Die Teilnahme an Elterngesprächen ist entscheidend, um die Lernentwicklung deines Kindes zu fördern. Diese Gespräche ermöglichen es, Informationen auszutauschen und den Kontakt zwischen Eltern und Lehrkräften zu stärken.
So kannst du es umsetzen:

1. Besuche möglichst alle angebotenen Elterngespräche. Dadurch wirst du die Sichtweise der Lehrer besser verstehen und bekommst Rückmeldungen über den Fortschritt deines Kindes.
2. Sei aktiv, stelle Fragen zu den Stärken und Problemen, die dein Kind im Unterricht hat.
3. Nutze die Gespräche, um Probleme anzusprechen und Lösungen zu finden.
4. Äußere deine Bedenken offen und bitte um Rat. So trägst du zu einer unterstützenden Lernumgebung für dein Kind bei.

Durch die Teilnahme an Elterngesprächen beteiligst du dich aktiv am Lernprozess deines Kindes und bietest ihm gezielt Unterstützung.

33. Weg: Lehrer über ADHS informieren

Es ist sinnvoll, die Lehrer deines Kindes über seine ADHS-Diagnose zu informieren. Das mag dir am Anfang schwerfallen, weil du nicht möchtest, dass dein

Kind in eine Schublade gesteckt wird. Aber mit dem Wissen können sie effektiver auf die Bedürfnisse eingehen und passende Lernstrategien entwickeln. Ich empfehle dir daher Folgendes:

- Vereinbare einen Termin mit den Lehrern, um die ADHS-Diagnose zu besprechen. Erkläre, wie die Symptome das Lernen und Verhalten deines Kindes beeinflussen. Wahrscheinlich hatten sie schon vorher ADHS-Kinder im Unterricht. Aber jedes Kind ist nun mal anders und bei jedem wirkt sich die Besonderheit anders aus.
- Informiere über die besonderen Stärken und Herausforderungen deines Kindes. Auf diese Weise können die Lehrer individuell unterstützen.
- Teile Strategien mit, die bei deinem Kind gut funktionieren, wie multisensorisches Lernen oder Bewegungsphasen. Manche Lehrkräfte sind sehr bemüht, diese Techniken dann auch in den Unterricht zu integrieren.

34. Weg: Fortschritte der Entwicklung dokumentieren

Eine Dokumentation über die Entwicklung deines Kindes Kind ist nützlich, um im Lernprozess Veränderungen und Erfolge sichtbar zu machen. Führe regelmäßige Aufzeichnungen. Das hilft, Muster zu erkennen und gezielte Maßnahmen zu ergreifen.

- Diese Dokumentation kann auf dem Lerntagebuch basieren, das dein Kind bestenfalls selbstständig oder mit deiner Hilfe führt. Ermutige es, dort täglich seine Erfahrungen, Erfolge und Herausforderungen festzuhalten. Das fördert die Selbstreflexion und das Bewusstsein für den eigenen Lernprozess.
- Führe zudem wöchentliche oder monatliche Bewertungen durch. Auf diese Weise kannst du Fortschritte in verschiedenen Fächern dokumentieren. Notiere Verbesserungen ebenso wie Bereiche, die noch mehr Unterstützung benötigen.
- Schreibe besondere Erfolge oder Fortschritte auf und teile sie mit deinem Kind. **Denn vergiss nie:** Positives Feedback motiviert und stärkt das Selbstvertrauen.

Durch diese Dokumentation hilfst du dir und deinem Kind, das Lernen besser zu verstehen und zu steuern. Außerdem ist ein derartiger Bericht auch eine wertvolle Basis für jedes Lehrergespräch.

35. Weg: Passende Arbeitsgruppen auswählen

Arbeitsgemeinschaften (AGs) sind perfekt für eine sinnvolle und effektive Gestaltung des Nachmittags. AGs bieten nicht nur zusätzliche Lernmöglichkeiten, sondern fördern auch soziale Interaktionen und persönliche Interessen. Doch die Auswahl geeigneter Arbeitsgruppen kann für dein Kind mit ADHS schwierig sein.
Beachte daher diese Tipps zur Auswahl der richtigen AGs:

1. **Interessen berücksichtigen:** Suche nach AGs, die den Vorlieben deines Kindes entsprechen. Ob Kunst, Musik, Sport oder Naturwissenschaften – die Wahl eines Themas, das begeistert, steigert die Motivation und das Engagement.
2. **Kleinere Gruppen:** Bevorzuge AGs mit kleineren Teilnehmerzahlen. Kleingruppen bieten oft mehr persönliche Betreuung und weniger Ablenkungen. Das ist gerade für dein Kind mit der Superpower ADHS bedeutend.
3. **Qualifizierte Betreuung:** Informiere dich über die Betreuer der AGs. Erfahrene und einfühlsame Ansprechpartner gehen auf die Bedürfnisse deines Kindes ein und schaffen ein unterstützendes Umfeld.

Durch die gezielte Auswahl passender Arbeitsgemeinschaften hilfst du deinem Kind, neue Fähigkeiten zu entwickeln. Gleichzeitig kann es hier seine sozialen Kompetenzen stärken.

36. Weg: Den Schulpsychologen ins Boot holen

Die Begleitung durch den Schulpsychologen ist für viele Kinder mit ADHS wichtig. Schulpsychologen sind darauf spezialisiert, Schüler in ihrer emotionalen und sozialen Entwicklung zu unterstützen. Sie helfen, Herausforderungen im Lernumfeld zu bewältigen und individuelle Strategien zu entwickeln. Ich habe es selbst mit meinem Kind ausprobiert. Daher bin ich überzeugt von den Vorteilen, die eine enge Zusammenarbeit mit dem Schulpsychologen bietet:

- **Einzelgespräche:** Der Schulpsychologe stellt deinem Kind einen geschützten Raum zur Verfügung, um über seine Gefühle, Ängste und Herausforderungen zu sprechen. Dies stärkt das Selbstbewusstsein und reduziert den Druck.
- **Individuelle Lernstrategien:** Gemeinsam entwickeln sie spezifische Lernstrategien, die auf die Bedürfnisse deines Kindes abgestimmt sind. Daraus resultieren bessere Noten und somit ein stärkeres Selbstvertrauen.
- **Beratung für Eltern und Lehrer:** Schulpsychologen geben auch Empfehlungen für die Lehrer und bieten dir als Elternteil Ratschläge zur Unterstützung deines Kindes im Alltag. Viele dieser Tipps sind äußerst hilfreich, weil sie individuell auf dein Kind abgestimmt sind.

QR-Code für Kinder: Lernplan-Template als PDF zum Ausdrucken

Liebes Kind mit der Superpower ADHS, hinter diesem QR-Code verbirgt sich eine Vorlage für einen Lernplan. Du kannst ihn als PDF herunterladen oder direkt ausdrucken. Fülle ihn individuell aus, um deinen eigenen Lernplan immer griffbereit zu haben.

Kapitel 5: Soziale Beziehungen und Emotionen

Soziale Beziehungen sind ein wichtiger Bestandteil im Leben deines Kindes. Sie prägen, wie es sich selbst und die Welt um sich herum wahrnimmt. Für Kinder mit ADHS sind Freundschaften jedoch häufig schwierig. Es fällt ihnen schwer, sich in soziale Gruppen einzufügen. Schnell wechselt die Stimmung und impulsive Reaktionen führen zu Missverständnissen oder Konflikten mit anderen. Gerade in diesen Momenten ist es wichtig, Strategien zu haben, um Emotionen zu verstehen und auszudrücken. Nur so lassen sich Konflikte auf friedliche Weise lösen. Dieses Kapitel hilft dir, Wege zu finden, wie dein Kind Emotionen in sozialen Situationen besser reguliert und ausdrückt. Die folgenden Tipps und Methoden bieten ihm Unterstützung dabei, stärkende und stabile Beziehungen aufzubauen. Es geht darum, empathisch zu handeln, Freundschaften zu pflegen und in schwierigen Momenten Ruhe zu bewahren.

ADHS und Freundschaften: Unterstützung bei sozialen Herausforderungen

Hast du auch manchmal das Gefühl, dass dein Kind überhaupt keine Freunde hat? Und bist du deswegen besorgt? Das verstehe ich gut. Mein Kind mit der Superpower ADHS war lange Zeit ein richtiger Eigenbrötler. **Kein Wunder:** Kinder mit ADHS begegnen im sozialen Miteinander ja besonderen Herausforderungen. Sie haben Schwierigkeiten mit der Impulskontrolle und dem Umgang mit intensiven Gefühlen. Auch Missverständnisse treten häufig auf. All das kann dazu führen, dass sich Freundschaften für ein ADHS-Kind komplex und anstrengend anfühlen. Auch impulsive Reaktionen oder das Bedürfnis, ständig im Mittelpunkt zu stehen, können Konflikte erzeugen.

Doch gerade Kinder mit ADHS sehnen sich nach stabilen Freundschaften – und brauchen sie auch! Vor allem benötigen sie Beziehungen zu Menschen, die sie so akzeptieren, wie sie sind. Dieser Abschnitt widmet sich daher den Strategien, die

genau solche Verbindungen fördern. Hier findest du praktische Ansätze, um dein Kind zu unterstützen. Ob Rollenspielen oder spezielle Gesprächstechniken – es gibt etliche Tipps, um dein Kind gut auf Freundschaften vorzubereiten.

37. Weg: Rollenspiele

Mit einfachen Rollenspielen kannst du mit deinem Kind in einem geschützten Rahmen die sozialen Fähigkeiten üben und stärken. Ihr spielt dabei typische Alltagssituationen nach. Hierbei probiert dein Kind verschiedene Verhaltensweisen aus. So lernt es, wie es in bestimmten Augenblicken reagieren kann. Einige Beispiele sind:

1. **Spielzeug teilen:** Du schlüpfst in die Rolle eines fremden Kindes auf dem Spielplatz. Du hast ein Spielzeug dabei, das dein Kind gerne auch mal ausprobieren möchte. Lass dein Kind üben, wie es fragt, ob es mitspielen darf. So lernt es, wie es freundlich um etwas bittet und wie Spielzeuge geteilt werden können.
2. **Streitereien im Spiel:** Wieder verkörperst du die Rolle eines zweiten Kindes. Ihr spielt ein Brettspiel und seid euch über die Regeln uneinig. Übt im Rollenspiel, wie respektvolle Diskussionen aussehen und wie sich Kompromisse und Lösungen finden lassen.
3. **Einladung nach Hause:** Du übernimmst die Rolle eines Kindes, das mit deinem Kind befreundet ist. Nun übt dein Kind, wie es dich freundlich zu sich nach Hause einladen könnte. Übt verschiedene Möglichkeiten, die Einladung zu formulieren.

Regelmäßig durchgeführte Rollenspiele ermöglichen es deinem Kind, wichtige soziale Fertigkeiten zu trainieren, ohne dass es sich unter Druck fühlt. Es lernt, seine Gefühle zu erkennen und bewusst auszudrücken, und übt, auf die Bedürfnisse anderer einzugehen. So entwickelt es ein besseres Verständnis dafür, wie Freundschaften funktionieren und wie es Konflikte lösen kann. Rollenspiele fördern die Empathie und stärken das Selbstbewusstsein. Sie helfen, Verhaltensmuster zu erkennen und anzupassen – und das ist eine wertvolle Grundlage für stabile, positive Freundschaften.

38. Weg: Gemeinsame Projekte

Gemeinsame Projekte sind eine großartige Möglichkeit, um die sozialen Fähigkeiten deines Kindes zu stärken. Sie fördern gleichzeitig Teamwork. Gruppenspiele, Bastelprojekte oder Teamaktivitäten jeder Art ermutigen Kinder dazu, zusammenzuarbeiten. Dabei lernen sie, ihre Ideen zu teilen, Kompromisse einzugehen und Verantwortung zu übernehmen. Hier sind drei tolle Spiele, die die Zusammenarbeit fördern:

- **Bastelprojekte:** Die Kinder arbeiten gemeinsam an einem Kunstwerk. Sie teilen ihre Ideen und Materialien, was Kreativität und Kommunikation fördert.
- **Schatzsuche:** Veranstalte eine Schatzsuche. Dabei müssen die Kinder in Teams Hinweise finden. Sie arbeiten zusammen, um Rätsel zu lösen und den Schatz zu entdecken.
- **Teamstaffellauf:** Bei diesem Spiel treten die Kinder in Teams gegeneinander an. Jeder läuft einen bestimmten Abschnitt und übergibt den Staffelstab weiter. Das stärkt den Teamgeist und die Koordination.

Diese Aktivitäten fördern die sozialen Bindungen unter den Kindern. Sie helfen ihnen aber auch, ihre Rolle in einer Gruppe zu verstehen und zu erfüllen. So entwickeln sie ein Gefühl des Zusammenhalts und lernen, wie wichtig es ist, zusammenzuarbeiten, um Erfolge zu feiern.

39. Weg: Soziale Verhaltensregeln festlegen

Es ist von großer Bedeutung für dein ADHS-Kind, soziale Verhaltensregeln zu kennen. Damit es sie sich einprägen kann, legst du sie am besten visuell mit ihm fest. Solche Regeln helfen deinem Kind, stabile Beziehungen zu knüpfen. **Denn:** Sie geben klare Orientierung, vereinfachen das Zusammenleben und verhindern Missverständnisse. Am besten entwickelt ihr diese Regeln in einem offenen Gespräch. So kann dein Kind sich einbringen und versteht, warum die Vorschriften wichtig sind. Starte mit grundlegenden Sachen wie:

- Höflich sein: „Bitte" und „Danke" sagen.
- Anderen zuhören und respektvoll miteinander reden.
- Konflikte in Ruhe lösen, ohne zu schreien oder zu schlagen.

Hängt die Regeln sichtbar auf, zum Beispiel an einer Pinnwand oder im Familienkalender. Geht regelmäßig die Richtlinien durch und redet darüber, wie ihr sie im Alltag umsetzen könnt. So lernt dein Kind wichtige soziale Verhaltensweisen kennen. Es lernt überdies, wie es diese in Freundschaften verwenden kann. Daraus entsteht eine tolle Grundlage für harmonische und respektvolle Beziehungen.

40. Weg: Feste Spieltermine vereinbaren

Es fällt deinem Kind schwer, in der Schule oder im Kindergarten Freunde zu finden? Das Problem kenne ich. Bei mir hat es geholfen, regelmäßige Spieltermine mit anderen Kindern zu vereinbaren. Das ermöglicht es deinem Kind, im vertrauten Umfeld und an deiner Seite soziale Bindungen aufzubauen und zu festigen. Plant feste Zeiten für Treffen mit Freunden oder Nachbarskindern ein. Auf diese Weise lernt dein Kind, Beziehungen zu pflegen und sich auf soziale Aktivitäten zu freuen. Ein festgelegter Termin schafft Verlässlichkeit und gibt deinem Kind Sicherheit, dass es sich regelmäßig auf diese Zeit freuen kann. Das ist besonders wichtig für dein Kind mit der Superpower ADHS.
Besprecht gemeinsam, wann ein guter Zeitpunkt für einen festen Spieltermin ist. Wählt Aktivitäten, die alle Beteiligten gerne machen. Dabei könnte es sich um gemeinsame Spiele im Freien, Basteln oder Backen handeln. Feste Spieltermine fördern übrigens nicht nur soziale Kontakte. Sie tragen auch zur Entwicklung wichtiger sozialer Fähigkeiten bei. Dein Kind lernt dadurch etwa, wie es Absprachen trifft und wie gegenseitige Rücksichtnahme funktioniert. Regelmäßige Treffen helfen deinem Kind, sich sicherer im Umgang mit anderen zu fühlen und Freundschaften langfristig zu stärken.

41. Weg: Nonverbale Kommunikation üben

Mimik, Gestik und Körperhaltung – all das gehört zur nonverbalen Kommunikation und spielt eine große Rolle im sozialen Miteinander. Dein Kind sollte die

Grundlagen der wortlosen Kommunikation beherrschen, um die Gefühle und Absichten anderer besser zu verstehen. Außerdem hilft es ihm dabei, sich selbst klar auszudrücken. Leider fällt es vielen ADHS-Kindern besonders schwer, die nicht ausgesprochenen Zeichen zu deuten. Um diese Fähigkeiten zu fördern, könnt ihr gezielte Übungen durchführen und so das Bewusstsein für nonverbale Signale stärken. Ein paar Beispiele sind:

- **Gefühle raten:** Einer von euch stellt ein Gefühl nur durch Gesichtsausdruck und Körpersprache dar. Der andere muss es erraten.
- **Spiegeln:** Setzt euch einander gegenüber. Einer macht eine Bewegung, die der andere genau nachahmt – etwa ein Lächeln, ein Kopfnicken oder eine bestimmte Körperhaltung. Dies schult das Beobachten und hilft deinem Kind, auf subtile nonverbale Signale zu achten. Überdies lernt es, sich mit anderen zu synchronisieren.
- **Standbilder:** Einer von euch beschreibt eine Situation, wie etwa „Du bist überrascht" oder „Du bist wütend". Der andere stellt das dann in einer „eingefrorenen" Pose dar. Dies hilft deinem Kind, Körpersprache als Ausdrucksmittel bewusst zu erleben und selbst einzusetzen.

Durch solche Übungen lernt dein Kind, die Emotionen anderer besser zu interpretieren und sich selbst bewusster nonverbal auszudrücken. Diese Fähigkeit stärkt sein soziales Verständnis und hilft ihm, sich in sozialen Situationen sicherer zu fühlen.

42. Weg: Das „Was wäre, wenn ...?"-Spiel

Das „Was wäre, wenn ...?"-Spiel ist eine spielerische Methode, um verschiedene soziale Situationen zu erkunden und Verhaltensoptionen zu entwickeln. Dabei stellt ihr euch abwechselnd Fragen wie:

- „Was wäre, wenn du siehst, dass ein Freund traurig ist?"
- „Was wäre, wenn du dich mit jemandem gestritten hast?"
- „Wie würdest du reagieren, wenn morgens keine Milch mehr für das Müsli da ist?"
- „Was wäre, wenn deine Freundin xy tun würde?"

Wähle bewusst alltägliche, aber auch etwas abstraktere Fragen. Dein Kind kann so mögliche Reaktionen durchdenken und spielerisch lernen, auf verschiedene Situationen angemessen zu reagieren. Dieses Spiel regt zum Nachdenken über Empathie, Konfliktlösung und Kommunikation an und ermöglicht deinem Kind, unterschiedliche Perspektiven einzunehmen. Es lernt, wie wichtig es ist, Rücksicht auf andere zu nehmen und Strategien für schwierige Situationen zu entwickeln. Das „Was wäre, wenn ...?"-Spiel stärkt somit soziale und emotionale Kompetenzen. Es fördert das Verständnis für die Bedürfnisse und Gefühle anderer und ist somit eine wertvolle Grundlage für stabile Freundschaften.

Stärkung des Selbstbewusstseins: Tools, um das Selbstvertrauen zu fördern

Ein gesundes Selbstbewusstsein ist enorm wichtig für das soziale und emotionale Wohl deines Kindes. Selbstvertrauen hilft ihm, mit Herausforderungen klarzukommen, sich in neuen Situationen zurechtzufinden und positiv mit anderen umzugehen. Kinder mit ADHS kämpfen häufig damit, ihr eigenes Potenzial zu erkennen. Überdies fühlen sie sich in der Schule oder mit Freunden mitunter überfordert. Genau deshalb ist es so wichtig, ihnen Werkzeuge zu geben, die ihr Selbstbewusstsein stärken.

In diesem Abschnitt findest du praktische Wege, die deinem Kind helfen, seine Stärken zu erkennen und selbstbewusster zu werden. Von spielerischen Aufgaben bis zu täglichen Routinen: Diese Tools fördern das Selbstvertrauen deines Kindes. Sie unterstützen es dabei, sich selbst als wertvoll und kompetent wahrzunehmen. Wenn ihr die Übungen regelmäßig macht, hilft das, ein positives Selbstbild zu entwickeln und die Selbstsicherheit langfristig zu stärken.

43. Weg: Selbstgespräche vor dem Spiegel

Der Spiegel ist ein wirkungsvolles Werkzeug, um das Selbstbewusstsein deines Kindes zu stärken. Gemeinsam könnt ihr diese Übung ausprobieren, um positive Gedanken über sich selbst zu fördern. Dabei stellt sich dein Kind vor den Spiegel und sagt sich ermutigende Sätze wie:

- „Ich bin stark"
- „Ich kann das schaffen"
- „Ich bin ein wunderbarer Freund"

Diese Selbstbestätigung hilft, ein positives Selbstbild zu entwickeln und das Selbstvertrauen zu festigen. Um die Übung noch wirkungsvoller zu gestalten, könnt ihr die Sätze gemeinsam aussuchen. Am besten, ihr schreibt sie auf Karten und sie wechselt sie täglich. Diese kleinen Selbstgespräche unterstützen dein Kind dabei, an sich selbst zu glauben und seine inneren Stärken zu sehen. Mit der Zeit lernt dein Kind, sich in herausfordernden Situationen selbst zu beruhigen und zu motivieren. Dies ist eine wertvolle Fähigkeit, die es auch im Alltag stärkt.

44. Weg: Ziele setzen – und erreichen

Überlege mit deinem Kind, welche realistischen Ziele es sich setzen könnte. Dann verfolgt sie Schritt für Schritt gemeinsam. **Denn:** Wer schafft, was er sich vornimmt, tut automatisch etwas Gutes für sein Selbstvertrauen. Bleiben gesetzte Ziele hingegen unerreicht, schmälert dies das Selbstbewusstsein. Formuliert daher wirklich kleine, erreichbare Ziele wie:

- Jeden Tag zehn Minuten lesen
- Beim Tischdecken helfen
- Eine Viertelstunde lang Vokabeln lernen

Wichtig ist, dass die Ziele konkret und realistisch sind, damit dein Kind seine Fortschritte erkennt. Sobald ein Ziel erreicht ist, feiert den Erfolg! Dein Kind lernt auf diese Weise, wie viel es aus eigener Anstrengung erreichen kann. Es ist stolz auf seine Erfolge und versteht, dass Rückschläge normal sind. Durch das Erreichen der Ziele wächst das Vertrauen in die eigenen Fähigkeiten. Und das ist eine wahnsinnig wichtige Grundlage für ein starkes Selbstbewusstsein.

45. Weg: Aufgaben zutrauen

Vertraue deinem Kind kleine, verantwortungsvolle Aufgaben an. Auch dies stärkt sein Selbstbewusstsein, weil es beweist, dass du an es glaubst. Darf dein Kind kleine Dinge erledigen, hat es das Gefühl, gebraucht und wertgeschätzt zu werden. Es erlebt, dass es einen positiven Beitrag leisten kann und Teil der Familie ist. Geeignet sind beispielsweise folgende Aufgaben:

- Haustierpflege wie das Füttern oder das Auffüllen des Wassernapfs
- Kleinere Einkäufe erledigen
- Pflanzen im Haus oder Garten gießen
- Müll herausbringen
- Kleidung zusammenlegen
- Beim Tischabräumen oder Zimmeraufräumen helfen
- Getränke bei Familienessen einschenken

Unterstütze dein Kind und lobe es, wenn es die Aufgabe gewissenhaft erledigt hat. Fehler gehören zum Lernprozess dazu, also keine Sorge. Geduld und Vertrauen helfen deinem Kind, seine Fähigkeiten zu entdecken und zu entwickeln. Es lernt Verantwortung zu übernehmen und ist stolz, wenn es eine Aufgabe erfolgreich meistert. Das stärkt nicht nur das Selbstvertrauen, sondern auch die Eigenständigkeit.

46. Weg: Erfolgs-Schatzkiste anlegen

Du weißt es ja schon: Für ein gesundes Selbstbewusstsein ist es enorm wichtig, dass dein Kind auf seine eigenen Erfolge stolz ist. Daher eignet sich eine kleine Erfolgs-Schatzkiste perfekt als Selbstvertrauens-Booster. Richtet eine Box ein, in die dein Kind alle Erinnerungsstücke legt, die es mit seinen Erfolgen verbindet. Das könnten beispielsweise die Folgenden sein:

- gut bewertete Tests oder Hausaufgaben (oder Kopien davon)
- nette Karten oder Briefe von Freunden
- eine tolle Bastelei

Selbst verständlich kann dein Kind auch selbst Zettel mit seinen Erfolgen aufschreiben und hineinlegen, etwa: „Heute bin ich das erste Mal Fahrrad gefahren." Diese Schatzkiste wird zu einer Sammlung erfolgreicher Erlebnisse. Dein Kind schaut sie regelmäßig an – vor allem, wenn es zweifelt oder unsicher ist. So erinnert es sich daran, was es schon alles geschafft hat. Diese Methode motiviert, fördert ein positives Selbstbild und hilft, stolz auf die eigenen Stärken zu sein.

47. Weg: Training für ein selbstsicheres Auftreten

Ein selbstbewusstes Erscheinen hilft deinem Kind, in sozialen Situationen sicherer zu wirken. Ihr könnt gemeinsam an der Körperhaltung, Stimme und Mimik arbeiten. Zeige deinem Kind, wie es mit aufrechter Haltung, erhobenem Kopf und festem Blickkontakt Selbstsicherheit ausdrückt. Hierbei geht es nicht nur um die Wirkung auf andere, sondern auch darum, wie es sich selbst fühlt. Eine selbstbewusste Haltung stärkt das Selbstwertgefühl nebenbei nämlich von ganz allein.

Führt für diesen Zweck am besten regelmäßig kleine Übungen wie „Power-Posing" durch. Dabei steht dein Kind breitbeinig, streckt die Arme in die Höhe und bleibt so einige Sekunden. Übt auch das Sprechen mit klarer, lauter Stimme. Solche Übungen helfen, Unsicherheiten abzubauen und ein starkes Selbstbewusstsein zu entwickeln. Dein Kind lernt durch Körpersprache selbstsicher zu wirken und sich in sozialen Situationen wohler zu fühlen.

48. Weg: Umgang mit Fehlern üben

Auch der richtige Umgang mit Fehlern stärkt das Selbstvertrauen und die Resilienz. Zeige deinem Kind, dass Fehler normal sind. Sie gehören zum Lernen dazu! Spreche über deine eigenen Fehler – und darüber, was du daraus gelernt hast. So versteht es, dass Fehler keine Zeichen von Versagen, sondern von Entwicklung sind.

Eine gute Übung in diesem Kontext ist das „Fehlertagebuch". Dein Kind notiert ein Ereignis, bei dem etwas nicht klappte, und überlegt, was es anders machen könnte. So lernt es, konstruktiv über Fehler nachzudenken und Lösungen zu finden. Unterstütze es darin, freundlich mit sich selbst zu sein. Der Fokus liegt immer darauf, was es aus der Situation lernt. Diese Fähigkeit wird ihm helfen, auch in schwierigen Momenten zuversichtlich und lösungsorientiert zu bleiben.

49. Weg: Kompetenzbereiche stärken

Hilf deinem Kind, sein Selbstbewusstsein zu stärken, indem ihr gemeinsam seine Stärken und Interessen entdeckt und fördert. Egal, ob Musik, Sport, Kunst oder Handwerk: Die Erfahrung, in einem bestimmten Bereich gut zu sein, gibt deinem Kind das Gefühl, etwas Besonderes zu leisten. Unterstütze also regelmäßig Aktivitäten, die zu den Talenten deines Kindes passen.

- Hat es Spaß am Kochen? Dann probiert gemeinsam neue Rezepte aus.
- Interessiert es sich für euren Garten? Dann bepflanzt zusammen ein Hochbeet.
- Auch das Training in einem Sportverein ist eine Möglichkeit, wenn es sportlich ist.
- Vielleicht möchte es bei der Schülerzeitung mitmachen, falls es gerne Texte schreibt.

Überdies helfen kleine Herausforderungen im Alltag dabei, die Fähigkeiten deines Kindes zu erweitern. Das können Rätsel, kniffelige Puzzles oder Bastelarbeiten sein – je nachdem, wofür sich dein Kind interessiert. Diese Erfolgserlebnisse schenken deinem Kind echtes Selbstbewusstsein. Dadurch lernt es, auf seine Fähigkeiten zu vertrauen und seine Kompetenzen weiterzuentwickeln.

Umgang mit Gefühlen und emotionalen Ausbrüchen

Der Umgang mit den eigenen Gefühlen ist für ein Kind mit ADHS eine besondere Herausforderung. Das liegt einfach daran, dass es Emotionen intensiver und spontaner als andere erlebt. Ein kleiner Rückschlag – eine schlechte Note oder ein Streit – führt nicht selten zu einem großen emotionalen Ausbruch. Das ist nicht nur für dein Kind überwältigend. Auch du als Elternteil fühlst dich häufig hilflos. Manchmal bist du erschöpft, weil du nicht weißt, wie du helfen kannst. **Doch auch hier gilt:** Du bist nicht allein! Es gibt Wege und Methoden, die deinem Kind helfen, seine Gefühle zu verstehen und zu steuern.

In diesem Kapitel findest du Techniken, die ich selbst ausprobiert habe, um meinem Kind bei emotionalen Ausbrüchen zu helfen. Doch sie unterstützen nicht nur in schwierigen Momenten, sie bieten auch langfristige Unterstützung. **Denn:** Sie helfen deinem Kind, seine eigenen Gefühle zu verstehen und zu verarbeiten. Die Ideen sind vielseitig und lassen sich im Alltag leicht umsetzen. Manche dieser Techniken mögen dir einfach erscheinen. Genau das ist oft der Schlüssel. Gerade bei ADHS-Kindern sind einfache, klare Methoden erfahrungsgemäß am wirksamsten. Sie bieten Stabilität, stärken das Selbstbewusstsein und verbessern die Fähigkeit zur Selbstregulation. Probiere es aus und du wirst sehen, wie dein Kind die emotionalen Stürme meistert und eine innere Balance findet.

50. Weg: Codewörter einführen

Dein Kind darf Grenzen setzen und „Nein" sagen, wann immer es sich danach fühlt. Das Problem ist, dass ein Kind mit ADHS oft Schwierigkeiten hat, seine Grenzen zu ziehen. Es hält zu lange aus, bis es irgendwann explodiert. Hier ist ein Codewort sinnvoll. Damit kann dein Kind verdeutlichen, dass es ihm langsam reicht. Vereinbart also ein Wort, bei dem dir sofort klar ist: „Meinem Kind ist gerade alles zu viel. Ich helfe ihm jetzt." Das kann ein ganz trivialer Begriff sein, der in der Alltagssprache aber nicht zu oft zum Einsatz kommt. Beispiele wären:

- Hühnerei
- Blauer Himmel
- Ahornbaum

Besprich mit deinem Kind die Bedeutung des Signalwortes. Erkläre ihm, wann es sinnvoll ist, es zu verwenden. Sobald es das Codewort sagt, eilst du ihm zu Hilfe. Hole es aus der Situation. Das verdeutlicht ihm, dass andere seine Grenzen wahrnehmen und achten. Teile das Codewort auch anderen Bezugspersonen mit, damit sie ebenso handeln können. Mit etwas Übung wird dein Kind es irgendwann selbst schaffen, sein Gefühl auszudrücken und seine Grenzen zu ziehen.

51. Weg: Gefühlskuscheltier

Ein Gefühlskuscheltier hilft deinem Kind, seine Emotionen auf eine spielerische Weise auszudrücken. Dieses besondere Plüschtier wird zum Freund und Gefühlspartner. Dein Kind weiß, dass es ihm alles anvertrauen kann. Ob es fröhlich, wütend, traurig oder ängstlich ist: Das Gefühlskuscheltier nimmt alles auf und hilft, das Innenleben besser zu verstehen.

Wähle zusammen mit deinem Kind ein Plüschtier für diesen Zweck aus. Es kann ein Kuscheltier aus der Sammlung sein oder ihr kauft ein neues Stofftier. Zeige ihm, dass es sein Kuscheltier umarmen und streicheln kann. Außerdem darf dein Kind dem Plüschtier erzählen, was es fühlt. Bei starken Emotionen kann das Gefühlskuscheltier auch dabei helfen, Stress abzubauen: Wut kann mit kräftigem Drücken verarbeitet, Trauer mit einer Umarmung getröstet werden.

Mitunter hilft das Gefühlskuscheltier auch dabei, die eigenen Gefühle in Worte zu fassen. Dein Kind kann dir nicht sagen, wie es sich fühlt? Dann frage doch sein Plüschtier: „Sag mal, Hasi, kann es sein, dass dein Freund heute irgendwie traurig ist?" Animiere dein Kind, seine Emotionen auszudrücken, indem es das Plüschtier davon erzählen lässt. So erfährst du mehr über das Gefühlsleben deines Kindes. Nebenbei kannst du im Dialog mit dem Plüschtier auf spielerische Weise Lösungen erarbeiten. **Etwa:** „Oh, dein Freund ist heute traurig. Wie wäre es, wenn du ihm eine dicke Umarmung schenkst?" Viele Kinder mit ADHS sprechen auf diese Strategie gut an.

52. Weg: Emotionen spiegeln

Du brauchst eine einfache, aber wirkungsvolle Technik, um deinem Kind zu zeigen, dass du seine Gefühle verstehst? Dann spiegle seine Emotionen. Dabei gehst du auf die Gefühlslage deines Kindes ein, indem du sie in Worte fasst. So gibst du ihm ein „Spiegelbild" seiner Gefühle. Ein Beispiel: „Ich sehe, dass du gerade richtig wütend bist, weil du nicht draußen spielen kannst. Das muss wirklich frustrierend für dich sein."

Durch das Spiegeln erfährt dein Kind, dass du seine Gefühle wahrnimmst und akzeptierst, was beruhigend wirkt. Es versteht, dass seine Emotionen normal und erlaubt sind, und fühlt sich in seinem inneren Erleben bestätigt. Diese Methode hilft deinem Kind nicht nur, seine eigenen Gefühle zu verstehen, sondern stärkt auch euer gegenseitiges Vertrauen. Emotionen zu spiegeln, ist eine wertvolle Strategie, um emotionale Ausbrüche aufzufangen. Zudem kannst du dadurch die emotionale Kompetenz deines Kindes langfristig fördern.

53. Weg: Glücksmomente-Glas

Regelmäßig Glück zu empfinden, ist für jedes Kind unerlässlich. Doch im teils stressigen Alltag können kleine Glücksmomente schnell untergehen. Um diese sichtbar zu machen, ist das Glücksmomente-Glas ideal. Damit legst du den Fokus auf die schönen Momente des Alltags. Was du dafür brauchst? Nur ein leeres Glas oder eine kleine Dose und ein paar bunte Zettel. Dann kann es auch schon losgehen: Wann immer dein Kind etwas Schönes erlebt, schreibt es den Augenblick auf und legt ihn ins Glas.

Das können ganz harmlose Dinge sein: ein Lächeln, ein Erfolgserlebnis oder eine schöne Familienaktivität. Die kleinen Notizen im Glücksmomente-Glas sammeln sich mit der Zeit. Sie erinnern dein Kind daran, wie viele schöne Erlebnisse es bereits gab. Geht die Zettel an Tagen, an denen dein Kind traurig oder wütend ist, gemeinsam durch. Auf diese Weise lässt sich ein Perspektivwechsel anregen. Diese einfache Übung stärkt das positive Denken und hilft deinem Kind, die kleinen Freuden im Leben zu schätzen.

54. Weg: Kreative Ausdrucksformen

Motiviere dein Kind dazu, seine Gefühle durch kreative Aktivitäten wie Malen, Zeichnen, Musizieren oder Schreiben auszudrücken. Kreativität hilft, Emotionen zu verarbeiten, wenn die Worte fehlen. Gerade für Kinder mit ADHS, die sehr intensive Gefühle erleben, bietet Kunst einen sicheren Raum. Damit kann dein Kind seine Emotionen verstehen und lenken.

Stelle Materialien wie Farben, Bastelpapier oder kleine Instrumente zur Verfügung. Gib ihm die Freiheit zu entscheiden, wie es seine Emotionen ausdrücken möchte. Vielleicht zeigt sich Wut in kräftigen, roten Pinselstrichen oder Freude in einer fröhlichen Melodie. Diese kreativen Momente fördern die Ausdrucksstärke ebenso wie das Selbstbewusstsein und die Problemlösefähigkeiten. Dein Kind lernt dadurch, dass es viele gesunde Wege gibt, mit seinen Gefühlen umzugehen.

55. Weg: Die sichere Ecke

Dein Kind braucht einen sicheren Ort, an den es sich zurückziehen kann, um seine Emotionen zu regulieren. Richte daher einen speziellen Ort in deinem Zuhause ein, den dein Kind als „sichere Ecke" nutzen kann. Dieser Ort sollte gemütlich und einladend sein. Dekoriere ihn mit Kissen, einer Decke und vielleicht ein paar Spielzeugen oder Büchern. Erkläre deinem Kind, dass es diesen Ort aufsuchen kann, wenn es sich überwältigt oder emotional fühlt. Hier kann es alleine sein und sich auf seine Gefühle konzentrieren, wann immer es möchte. In der sicheren Ecke kann es ebenso Aktivitäten durchführen, die ihm helfen, sich zu beruhigen. Dazu gehören:

- **Tiefes Atmen:** Dein Kind kann bewusst atmen, um sich zu entspannen.
- **Tagebuch schreiben:** Es kann seine Gefühle aufschreiben, um sie besser zu verstehen.
- **Entspannung:** Vielleicht mag es beruhigende Musik hören, etwas puzzeln oder ein Buch anschauen. Erlaubt sind alle Aktivitäten, bei denen es zur Ruhe kommt.

Nach der Rückkehr aus der sicheren Ecke sprichst du mit deinem Kind darüber, warum es die Auszeit gebraucht hat. Lass dir auch erzählen, wie es sich jetzt fühlt. Dies hilft, Emotionen zu verarbeiten und eine gesunde Ausdrucksweise zu fördern. Die „sichere Ecke" bietet deinem Kind einen physischen und emotionalen Rückzugsort. Dort kann es sich beruhigen,

bevor es bereit ist, wieder an Aktivitäten teilzunehmen. Diese Technik unterstützt die Selbstregulation und gibt deinem Kind das Gefühl, die Kontrolle über seine Emotionen zurückzugewinnen.

QR-Code für Kinder: Emotionstagebuch zum Ausfüllen

Liebes Superpower-Kind, hier ist wieder ein QR-Code für dich. Folge ihm, um eine Vorlage für dein persönliches Emotionstagebuch zum Ausfüllen zu erhalten. Es wird dir helfen, deine Emotionen besser zu verstehen. Drucke dir die Seite aus, sooft du möchtest, und fülle sie am besten täglich mit deinen Worten. Du wirst sehen: Nach und nach fällt es dir viel leichter, auch emotionsgeladene Situationen zu bewältigen.

Kapitel 6: Freizeit und Hobbys

In der Freizeit kann dein Kind die Welt erforschen, neue Interessen entdecken und spielerisch seine Fähigkeiten weiterentwickeln. Gerade für dein Kind mit ADHS sind passende Hobbys wichtig. Sie ermöglichen es ihm, sich auszuprobieren und Erfolgserlebnisse zu haben. Mit strukturierten Aktivitäten, kreativen Projekten und körperlicher Bewegung wird dein Kind überschüssige Energie los und stärkt sein Selbstbewusstsein. In diesem Kapitel bekommst du viele tolle Ideen, wie du die Freizeit deines Kindes sinnvoll gestalten kannst. Egal, ob kreative Projekte oder sportliche Aktivitäten: Finde mit deinem Kind erfüllende Hobbys, die ihm langfristig Freude bereiten und eine Alternative zu Tablet und TV sind.

Kreativität fördern: Aktivitäten für Kinder mit ADHS

Kinder mit ADHS sprühen häufig vor Energie und haben eine blühende Fantasie. Kreative Aktivitäten wie Malen und Basteln bieten eine tolle Möglichkeit, diese Kreativität zu fördern. Dabei können sie ihrer Vorstellungskraft freien Lauf lassen und lernen, ihre Gedanken gezielt zu lenken. Solche Projekte unterstützen die Konzentration und fördern das Durchhaltevermögen. Dein Kind kann außerdem stolz auf seine eigene Arbeit sein. **Generell gilt natürlich:** Animiere dein Kind zu Aktivitäten, die ihm Spaß machen. Falls ihr aber auf der Suche nach passenden Anregungen seid, findet ihr in diesem Abschnitt viele Ideen. Die hier vorgestellten Aktivitäten sind perfekt für ADHS-Kinder, weil sie die Fantasie ankurbeln und nebenbei viel Freude bereiten.

56. Weg: Basteln

Bestimmt bastelst du bereits regelmäßig mit deinem Kind, nicht wahr? Kein Wunder! Basteln ist einfach klasse, um deinem Kind eine kreative Spielwiese zu geben und dabei seine Konzentration zu verbessern. Wenn dein Kind seine eigenen Projekte erstellt, sieht es, wie aus seinen Ideen etwas Tolles entsteht. Das stärkt das Selbstvertrauen. Außerdem lernt dein Kind beim Basteln, geduldig zu sein. Ich habe dir ein paar Anregungen für Bastelprojekte mitgebracht, die ihr beim nächsten Bastelnachmittag ausprobieren könnt:

- **Upcycling-Projekte:** Gebt alten Dingen ein neues Leben. Ihr könnt zusammen aus leeren Gläsern, Dosen oder Kartons kleine Kunstwerke schaffen. So wird Altglas zum Beispiel zu bunten Stifthaltern oder Windlichtern, die euer Zuhause verschönern.
- **Natur-Collagen:** Geht spazieren und sammelt Blätter, Zweige und Steine. Daheim bastelt dein Kind aus diesen Schätzen eine Natur-Collage. Gepresste Blätter sind die Baumkrone, kleine Zweige die Äste. So entsteht ein tolles Naturbild, das die Fantasie anregt.
- **Selbstgemachte Karten:** Bastelt zusammen Glückwunsch- oder Einladungskarten. Dein Kind kann mit vielen Materialien experimentieren – etwa mit Fingerfarben oder kleinen Glitzersteinen. Solche Karten sind wundervolle Geschenke für Familie und Freunde. Und wenn dein Kind sieht, wie sich die anderen darüber freuen, ist es gleich doppelt stolz!

Egal, wofür ihr euch entscheidet: Bastelprojekte unterstützen das Erfolgsgefühl beim Betrachten des Ergebnisses und helfen deinem Kind, die Superpower ADHS zu entfalten.

57. Weg: Kochen und Backen

Kochen und Backen sind großartige Aktivitäten, um deinem Kind mit ADHS Geduld, Struktur und Freude am kreativen Gestalten beizubringen. Beim Kochen lernt es, einzelne Schritte zu befolgen, und sieht, wie aus verschiedenen Zutaten etwas Leckeres wird. Probiere doch eine der folgenden Ideen aus, um die Freude am Kochen und Backen bei deinem Kind zu wecken:

- **Bunte Gemüse-Pizza:** Hierbei belegt ihr den Teig mit allem möglichen bunten Gemüse. Dein Kind kann dabei kreativ werden und Gesichter, Tiere oder Landschaften aus Tomaten, Paprika und Spinat gestalten. Das steigert die Kreativität, macht Spaß und weckt die Lust auf eine gesunde Ernährung!
- **Fruchtiges Schicht-Dessert:** Bei dieser leckeren Nachspeise schichtet ihr gemeinsam Joghurt,

verschiedene Obstsorten und knuspriges Müsli in Gläser. Dein Kind darf selbst entscheiden, welche Farbkombinationen entstehen. Diese Aktivität zeigt die Bedeutung von Abfolgen und fördert die Geduld. Am Ende wartet ein gesunder Snack als Belohnung.

- **Gemüse-Nuggets:** Selbstgemachte Gemüse-Nuggets erlauben deinem Kind, die Gemüsemischung nach eigenen Vorlieben auszuwählen. Dann formt es kleine Bällchen daraus. Gemeinsam paniert und backt ihr die Nuggets, sodass dein Kind sieht, wie sich die Masse in knusprige Snacks verwandelt.

Das gemeinsame Kochen und Backen stärkt das Selbstbewusstsein und macht Lust auf selbstgemachte Leckereien!

58. Weg: Mandalas gestalten

Das Ausmalen und Gestalten von Mandalas ist wirklich entspannend und eine kreative Beschäftigung. Besonders Kindern mit ADHS hilft diese Aktivität, um runterzukommen und sich besser zu konzentrieren. Mandalas haben feste Muster und Strukturen. Dein Kind kann trotzdem beim Ausmalen ganz kreativ werden und die Farben frei wählen. Diese Kombination aus Struktur und Freiheit ist perfekt, um das Gleichgewicht zwischen Konzentration und Kreativität zu fördern. Du kannst deinem Kind verschiedene Mandalas anbieten: Von einfachen bis zu schwierigeren Mustern, je nachdem, was ihm mehr Spaß macht. Außerdem gibt es etliche Ideen, um Abwechslung in dieses Hobby zu bringen:

- **Naturmaterialien verwenden:** Anstatt nur zu malen, könnt ihr Mandalas auch mit Blättern, Blüten, kleinen Steinen und anderen natürlichen Materialien legen. Das verbessert die Feinmotorik und bringt die Natur auf spielerische Weise ins Haus.
- **Selbst Mandalas zeichnen:** Zeige deinem Kind, wie es eigene Mandalas malen kann. Dann entwickelt es seine individuellen Designs und konzentriert sich noch mehr auf Details.
- **Thematische Mandalas:** Biete thematische passende Mandalas an – etwa mit Herbstblättern oder Schneeflocken. So bekommt das Ausmalen eine neue Bedeutung und dein Kind taucht in die jeweilige Jahreszeit ein.

Fest steht: Mandalas fördern die Geduld, die Feinmotorik und helfen, sich ruhig im Hier und Jetzt zu verankern.

59. Weg: Gärtnern

Gärtnern macht Spaß und ist eine tolle Möglichkeit für dein Kind, sich auszutoben und gleichzeitig Geduld zu lernen. Es erlebt, wie Pflanzen wachsen, übernimmt Verantwortung und freut sich über seine Erfolge. Egal, ob im Garten oder auf dem Balkon: Es beobachtet, wie Samen keimen und Pflanzen gedeihen. Beim regelmäßigen Gießen und Pflegen sieht dein Kind außerdem, dass seine Mühe Früchte trägt. Im Folgenden findest du ein paar konkrete Ideen für Gartenprojekte:

- Wie wäre es mit einem eigenen Kräuterbeet? Minze, Basilikum und Petersilie sind pflegeleicht und sprießen schnell. Dein Kind kann die Kräuter ernten und dann in der Küche benutzen. Das macht nicht nur Spaß, sondern zeigt auch, wie nützlich seine Arbeit ist.
- Vielleicht möchte es auch Blumen und Bienenpflanzen säen? Sonnenblumen, Ringelblumen und Lavendel bringen Farbe in den Garten und locken nützliche Bienen an. Dein Kind wird sich riesig freuen, wenn seine Blumen Insekten anziehen.
- Ein kleines Gemüsebeet könnte ebenfalls spannend sein! Radieschen, Karotten und Erdbeeren wachsen flott und sind lecker. Dein Kind erlebt den kompletten Zyklus vom Säen bis zur Ernte und begreift, wie Lebensmittel entstehen.

Durch das Gärtnern gewinnt dein Kind ein Gespür für die Natur und übernimmt Verantwortung. Dies ist eine wertvolle und entspannende Beschäftigung!

60. Weg: Geschichten ausdenken und aufschreiben

Dein Kind liebt Geschichten? Dann versucht doch mal, ob es seine eigenen Gedanken und Ideen nicht in eine Erzählung verpacken und aufschreiben möchte. Das macht Spaß! Dabei kann es sich richtig kreativ austoben und bekommt mehr Selbstbewusstsein. Ganz nebenbei werden auch noch die sprachlichen Fähigkeiten trainiert. Mein Kind war anfangs wenig begeistert, aber mittlerweile schreibt es wirklich gerne eigene Kurzgeschichten. Deshalb habe ich hier noch ein paar Ideen dazu:

- **Gemeinsames Geschichtenerfinden:** Dein Kind hat Schwierigkeiten mit dem Beginn der Geschichte? Dann fang du eine Geschichte an und lass dein Kind sie weiterspinnen. Ihr könnt euch abwechseln und jeder erfindet einen Satz oder einen Abschnitt. Das macht viel Spaß und fördert das kreative Zusammenspiel.
- **Illustrationen hinzufügen**: Vielleicht hat dein Kind seine Stärken auch im Zeichnen? Dann ermutige es, seine Geschichte mit Bildern zu bereichern. So wird sie lebendig und Details bleiben besser im Gedächtnis.
- **Helden des Alltags erschaffen**: Lass dein Kind über seine Hobbys, Haustiere oder Erlebnisse in der Schule schreiben. Dann fließt seine Fantasie in Alltagssituationen ein, die es gut kennt und mit denen es sich identifizieren kann.

Sich selbst Geschichten auszudenken, beflügelt die Vorstellungskraft und hilft deinem Kind, seine Gedanken zu ordnen. Dadurch entdeckt es auf spielerische Weise seine kreative Stimme.

61. Weg: Zaubertricks lernen – und vorführen

Fast jedes Kind träumt früher oder später einmal davon, magische Zauberkräfte zu besitzen, nicht wahr? Zum Glück gibt es Zaubertricks, die es lernen kann, auch wenn es nie an die Zauberschule Hogwarts eingeladen wird. Das Erlernen solcher Tricks ist eine tolle Sache. Es hilft deinem Kind, selbstbewusster zu werden, wenn es die Zauberkünste anderen präsentiert. Beim Einüben der Zaubertricks lernt es Geduld und schult seine Feinmotorik. Außerdem muss es Anleitungen genau befolgen. All das sind Fähigkeiten, die im Alltag mit der Superpower ADHS überaus nützlich sind. Folgende Zaubertricks lassen sich besonders leicht erlernen:

- **Verschwindende Münze:** Mit nur einer Münze und etwas Übung kann dein Kind lernen, die Münze in seiner Hand verschwinden zu lassen. Der Trick ist einfach, sorgt aber für erstaunte Gesichter beim Publikum.

- **Der schwebende Stift:** Bei diesem einfachen Trick scheint ein Stift zwischen den Fingern zu schweben. Er eignet sich perfekt für den Anfang!
- **Kartentricks:** Einfache Kartentricks wie das Erraten einer gewählten Karte sind leicht zu lernen. Sie sehen beeindruckend aus, wenn dein Kind sie vorführt.

Schaut einfach mal im Internet nach Zaubertricks für Anfänger. Hat dein Kind ehrliches Interesse am Zaubern und will mehr Tricks lernen, kannst du ihm auch einen Zauberkasten schenken. Es lohnt sich, denn Zaubertricks stärken das Selbstbewusstsein und die Konzentration. Außerdem macht es Spaß, die neuen magischen Fähigkeiten stolz zu zeigen!

62. Weg: Origami ausprobieren

Origami ist die Kunst des Papierfaltens. Was sich trocken anhört, macht viel Spaß und beruhigt nebenbei Körper und Geist. Probiere es mit deinem Kind aus, vielleicht findet es diese Beschäftigung ja ebenso faszinierend. Origami hilft dabei, Geduld zu entwickeln, geschickt mit den Fingern umzugehen und exakt zu arbeiten. Diese Fähigkeiten tun der Konzentration wirklich gut. Und das Schritt-für-Schritt-Falten fokussiert die Gedanken. Überdies ist es ein wahres Erfolgserlebnis, wenn aus Papier ein kleines Kunstwerk wird. Ich habe hier ein paar Origami-Ideen für dein Kind und dich:

- **Einfache Tiere:** Startet mit Tieren wie einem Schmetterling oder einem Frosch. Sie entstehen schon mit wenigen Faltungen. Solche Figuren sind perfekt für Anfänger und motivieren, weil dein Kind sein Ergebnis schnell sieht.
- **Papierboote:** Sie sind ein echter Origami-Klassiker, der jedes Kind begeistert. Nach dem Falten können die Boote sogar auf dem Wasser schwimmen. Das lädt zu kleinen Abenteuern ein.
- **Papierflieger:** Es gibt viele Falttechniken für Papierflieger, die für Abwechslung sorgen. Dein Kind kann herausfinden, welcher Flieger am weitesten oder schnellsten fliegt.

Origami ist eine tolle Sache, um Konzentration und Geduld zu trainieren. Und wenn dein Kind Spaß daran hat, findet ihr im Handel viele Origami-Bücher mit reichlich Inspiration.

63. Weg: Brettspiele spielen

Brettspiele sind super, um die sozialen Fähigkeiten zu verbessern und gleichzeitig kreativ Probleme zu lösen. Beim Spielen lernt dein Kind Teamarbeit, strategisches Denken und Geduld. Diese Begabungen sind besonders wichtig mit der Superpower ADHS. Außerdem sorgen Brettspiele für eine strukturierte Freizeitbeschäftigung. Hierbei muss dein Kind Regeln beachten und erlebt die Folgen seiner Entscheidungen. Spielt doch zum Beispiel eines der folgenden Brettspiele:

- **Memory:** Jeder kennt das simple, aber wirkungsvolle Spiel für das Gedächtnistraining. Nebenbei ist es natürlich perfekt, um die Konzentration zu stärken.
- **Das verrückte Labyrinth:** Bei diesem Spiel überlegt sich dein Kind den besten Weg durch ein sich ständig änderndes Labyrinth. Dies fördert die Problemlösungsfähigkeiten.
- **Mensch, ärgere dich nicht:** Der Klassiker trainiert Geduld und Warten ebenso wie die Frustrationstoleranz. Dein Kind lernt, mit Enttäuschungen umzugehen und trotzdem gelassen zu bleiben.

Übrigens: Brettspiele sind perfekt, um Selbstkontrolle zu üben und das Einhalten von Regeln zu trainieren.

Sport und Bewegung als Ventil

Bewegung ist das beste Mittel für dein Kind, um überschüssige Energie loszuwerden und sich besser zu konzentrieren. Durch regelmäßige körperliche Aktivität kann es Anspannung abbauen und den eigenen Körper positiv erleben. Sport und Bewegung sind ein tolles Ventil für die Hyperaktivität. Außerdem stärken sie das Selbstbewusstsein und fördern die sozialen Fähigkeiten – vor allem, wenn es sich um Gruppensport handelt. In diesem Abschnitt zeige ich dir, wie du Bewegung ganz unkompliziert in euren Alltag einbringen kannst. So hat dein Kind regelmäßig die Chance, sich auszupowern. Ob durch kleine Wettkämpfe im Alltag, kreative Bewegungsspiele oder Ausflüge an der frischen Luft: Es gibt viele verschiedene Wege, sich mehr zu bewegen und so das Wohlbefinden deines Kindes zu steigern.

64. Weg: Treppenlaufen statt Aufzugfahren

Nimm mit deinem Kind die Treppe und nicht den Aufzug, wann immer es möglich ist. Treppensteigen trainiert die Ausdauer und die Beinmuskeln. Überdies hilft es deinem Kind, überschüssige Energie loszuwerden. Wenn ihr zum Beispiel im Einkaufszentrum oder in einem Gebäude mit mehreren Stockwerken seid, nehmt die Treppe!
Dein Kind hat keine Lust darauf? Dann verwandelt das Treppenlaufen in ein kleines Spiel. Wer ist als Erstes oben? Wie viele Treppenstufen sind es? Schafft es dein Kind, immer eine Treppenstufe zu überspringen? Kann es die Treppen vielleicht sogar rückwärts nach oben gehen? Solche kleinen Herausforderungen fördern die Bewegung, das Engagement und die Motivation deines Kindes. Durch die Abwechslung bleibt das Treppensteigen spannend. Es wird zu einem spaßigen Teil des Alltags, der gleichzeitig die Bewegung unterstützt.

65. Weg: Aufräumen auf Zeit

Schon wieder aufräumen? Die wenigsten Kinder haben Lust darauf. Das ist völlig normal. **Doch:** Aufräumen kann richtig Spaß machen, wenn ihr daraus ein lustiges Spiel macht. Schnapp dir einen Timer und stelle ihn auf fünf Minuten. Schafft dein Kind es in dieser Zeit? Eine Alternative ist es, die Zeit zu stoppen. Ist dein Kind beim nächsten Mal vielleicht schneller? Oder du beginnst mit dem Aufräumen auf Zeit. Gewiss ist das ein Anreiz für dein Kind, es beim nächsten Mal noch zügiger zu schaffen.
Der Timer bringt Bewegung in die unliebsame Tätigkeit und sorgt dafür, dass das Aufräumen gleich doppelt so lustig ist. Gleichzeitig lernt dein Kind, wie es Verantwortung für seine Umgebung übernimmt. Der Zeitdruck und die klare Aufgabe machen das Aufräumen spannender als üblich. Das Ziel, schnell zu sein, motiviert zusätzlich. Besonders toll ist es, wenn ihr Musik oder kleine Belohnungen integriert – zum Beispiel das Lieblingslied als Countdown. Auf diese Weise wird das Aufräumen zu einem spaßigen Erlebnis, bei dem Bewegung und Ordnung spielerisch zusammenkommen.

66. Weg: Wettrennen im Alltag

Nutze kleine Wege des Alltags, um dein Kind zu Bewegung zu animieren. Jede sportliche Betätigung hilft, überschüssige Energie loszuwerden. Kleine Wettrennen bieten sich hierfür perfekt an. Sie machen richtig Spaß und sind effektive Bewegungsbooster zwischendurch. Fordere dein Kind einfach immer mal wieder heraus:

- „Wer zuerst im Bad ist, gewinnt!"
- „Mal sehen, wer als Erstes im Auto sitzt und angeschnallt ist!"
- „Was glaubst du, wer findet im Supermarkt zuerst den Käse?"

Solche Alltagswettkämpfe motivieren dein Kind zu Aktivität, ohne dass sie wie eine lästige Aufgabe wirkt. So schafft ihr einen positiven Ausgleich und bringt Freude in die täglichen Abläufe.

67. Weg: Einfach tanzen

Tanzen ist eine großartige Möglichkeit für Kinder, sich auszupowern und dabei richtig viel Spaß zu haben. Du brauchst dafür keine besondere Ausrüstung. Dein Kind kann immer und überall tanzen: Morgens dient es als fröhlicher Start in den Tag, nach der Schule zur Entspannung. Aber auch abends hilft ein ruhiger Tanz, den Tag schön ausklingen zu lassen. Erstelle eine Playlist mit den Lieblingsliedern deines Kindes. Falls es anfangs zu schüchtern ist, legt ihr einfach zusammen los. **Es lohnt sich:** Beim Tanzen werden Koordination, Rhythmusgefühl und Körperwahrnehmung spielerisch gefördert.

Versuche, wirklich regelmäßig „Tanzpausen" in den Alltag zu integrieren. Dabei darf dein Kind für ein paar Minuten so richtig loslegen. Oder ihr veranstaltet kleine Tanz-Wettbewerbe und denkt euch eigene Tanzschritte aus. Diese Tanzzeiten bringen Bewegung in den Alltag, fördern die Kreativität und schenken deinem Kind einen freien, fröhlichen Ausdruck.

68. Weg: Die Klassiker: Verstecken und Fangen spielen

Verstecken und Fangen sind bei allen Kindern beliebt! Beide Spiele machen viel Spaß und sorgen dafür, dass sich dein Kind mehr bewegt. Es lohnt sich also, ab und zu mit einem Kind einen der Klassiker zu spielen. Das hilft ihm, fitter, ausdauernder und reaktionsschneller zu werden. Außerdem lernt es dabei wichtige soziale Fähigkeiten wie Fairness, Geduld und das Einfühlungsvermögen.

Beim Verstecken muss dein Kind kreative Verstecke finden, was das Körpergefühl und die Wahrnehmung verbessert. Das Fangen stärkt das Reaktionsvermögen und die Körperkoordination. Beide Spiele kannst du flexibel anpassen und überall spielen – egal, ob drinnen oder draußen. Daheim, im Park oder auf dem Spielplatz: Verstecken und Fangen machen immer Spaß. Sie sorgen für eine gesunde Portion Bewegung und helfen deinem Kind beim Auspowern.

69. Weg: Hindernisparcours aufbauen

Ein selbst gestalteter Hindernisparcours ist ideal, wenn dein Kind nicht weiß, wie es seine Energie loswerden kann. Überdies verbessert er die motorischen Fähigkeiten. Du kannst den Parcours überall aufstellen: bei Regenwetter drinnen, ansonsten natürlich auch gerne draußen. Verwandle dabei Alltagsgegenstände wie Kissen, Stühle, Seile oder Teppiche in spannende Hindernisse. Dein Kind kann klettern, balancieren oder springen, um sie zu überwinden.

Baue verschiedene Stationen ein, bei denen es kriechen oder auf einem Bein hüpfen soll. Besonders spannend wird es, wenn du eine Zeit vorgibst oder kleine Aufgaben hinzufügst. Lass dein Kind zum Beispiel einen Ball ins Ziel bringen oder den Parcours mit verbundenen Augen absolvieren. **Fest steht:** Ein Hindernisparcours ist eine spaßige Möglichkeit, Bewegung in den Alltag zu integrieren und die Energie sinnvoll zu nutzen.

70. Weg: Bei jedem Wetter draußen toben

Als Elternteil eines Kindes mit der Superpower ADHS kennst du das Phänomen sicher: Während dein Kind drinnen quasi die Wände hochgeht, kommt es draußen innerhalb kürzester Zeit zur Ruhe. Auch ich habe diese Erfahrung gemacht und mir daher angewöhnt, bei jedem Wetter mit meinem Kind draußen zu toben. **Und siehe da:** Es hilft. Egal, wie das Wetter ist, es gibt immer eine Möglichkeit, sich draußen auszutoben und die Jahreszeiten spannend zu erleben:

- Ist es im Sommer zu heiß, verlegt das Toben doch einfach ans oder ins Wasser. Geht schwimmen, spielt im Garten mit dem Wasserschlauch oder balanciert über Steine am kühlen Bach. Alles, was mit Wasser zu tun hat, bietet an heißen Sommertagen die perfekte Basis für Bewegung im Freien.
- Im Herbst gibt es draußen allerhand zu erleben. Dein Kind kann Blätter harken und sammeln, in Laubhaufen springen oder durch Pfützen hüpfen. Geht im Wald spazieren, sammelt Pilze oder lasst einen Drachen steigen.
- Im Winter, wenn draußen Schnee liegt, powert sich dein Kind bei Schneeballschlachten und Schneemannbauen aus. Es kann natürlich auch Schlitten oder Schlittschuh fahren gehen.
- Im Frühjahr könnt ihr Spaziergänge mit der Kamera unternehmen. Dein Kind fotografiert die ersten Frühblüher und nimmt die Natur bewusst wahr. So verbindet ihr Bewegung mit Naturerfahrung.

Indem ihr das ganze Jahr über draußen tobt, bekommt dein Kind wertvolle Bewegung. Außerdem lernt es, die Natur in allen Jahreszeiten zu schätzen.

Technologien und Bildschirme: Gesunde Nutzung lernen

In unserer digitalen Welt begegnen uns überall Bildschirme. Für viele Kinder sind sie absolut faszinierend. Vor allem Kinder mit ADHS profitieren jedoch davon, wenn sie bewusst mit Medien umgehen. Ein geplanter Umgang mit der Technik hilft dabei, Überreizungen zu vermeiden. Achte darauf, für dein Kind ein gesundes Gleichgewicht zwischen Bildschirmzeit und anderen Aktivitäten zu schaffen. In diesem Abschnitt erhältst du praktische Tipps, wie du die Mediennutzung deines Kindes gesund und bewusst gestalten kannst. Dazu gehören feste Zeitfenster für Medienkonsum und bildschirmfreie Zonen. Außerdem könnt ihr gemeinsame Rituale ohne digitale Ablenkung einführen. Mit gezielten Regeln und Alternativen lässt sich die Bildschirmzeit sinnvoll begrenzen. Das ist so wichtig, damit auch wertvollere Aktivitäten wie Bewegung, Kreativität und soziale Interaktionen genügend Raum bekommen.

71. Weg: Die Folgen der Mediennutzung erklären

Der erste Schritt für einen gesunden Umgang mit Medien ist es, mit deinem Kind ins Gespräch zu gehen. Verdeutliche ihm, was passiert, wenn es zu oft vor dem Bildschirm sitzt. Erzähle, dass zu viel Zeit mit Bildschirmgeräten die Konzentration und das Wohlbefinden beeinflussen kann. Infolgedessen drohen Schlaf- und Lernstörungen. Nutze für dieses Gespräch einfache, konkrete Beispiele, die dein Kind versteht:

- Erkläre, dass ein Tablet oder Handy abends das Einschlafen erschweren kann.
- Außerdem kann langes Sitzen vor dem Bildschirm zu Müdigkeit führen und die Lust auf Bewegung verringern.
- Verbringt dein Kind zu viel Zeit mit Medien, kommen überdies seine anderen Hobbys zu kurz.

Wenn du anschauliche Erklärungen gibst, hilfst du deinem Kind, ein Bewusstsein für den eigenen Medienkonsum zu entwickeln. Je besser es die Zusammenhänge versteht, desto leichter fällt es ihm, von selbst eine ausgewogene Nutzung anzustreben.

72. Weg: Zeitfenster für Medienkonsum festlegen

Es ist auf jeden Fall sinnvoll, feste Zeiten für die Bildschirmzeit deines Kindes zu bestimmen. Das bringt Struktur und hilft deinem Kind, Medien zweckmäßig in den Alltag einzubauen. Ich habe hier drei hilfreiche Tipps, mit denen du das Konzept einfach umsetzt:

1. Plane die Medienzeit deines Kindes. Vereinbare feste Zeiten – zum Beispiel 30 Minuten am Nachmittag nach den Hausaufgaben. Kommuniziere diese Zeitfenster klar und deutlich. Solche Routinen zeigen deinem Kind, dass Medien ihren festen Platz haben und nicht spontan und unkontrolliert zum Einsatz kommen.
2. Nutze einen Timer, der am Ende der festgelegten Zeit klingelt. Die Minuten sollten für dein Kind sichtbar ablaufen. Dadurch sieht es selbst, wie viel Zeit noch bleibt, und kann sich gedanklich auf das Ende einstellen.
3. Führe Vor- und Nachrituale ein, die ihr gemeinsam vor und nach der Medienzeit durchführt. Beginne die Bildschirmzeit beispielsweise,

indem du mit deinem Kind einen Teller mit Obst zurechtmachst. Diesen darf es dann nebenbei essen. Ist die Mediennutzung vorüber, sprecht kurz darüber, was dein Kind gerade gespielt oder gesehen hat. Das hilft, den Medienkonsum bewusster zu erleben und abzuschließen.

73. Weg: Medien gemeinsam nutzen

Zugegeben: Es ist verführerisch, das Kind einfach vor den Fernseher zu setzen, um mal etwas Zeit für sich zu haben. Ab und zu ist das auch vollkommen okay. Aber gelegentlich solltest du die Medien auch gemeinsam mit deinem Kind nutzen. Schaut zusammen einen Film, spielt ein Spiel auf der Konsole oder probiert eine App aus. So bleibt der Medienkonsum sozial und kontrolliert. Dein Kind kann Fragen loswerden und ihr besprecht direkt, was ihr anschaut. Das stärkt die Medienkompetenz. Hier habe ich ein paar Ideen, wie Medien euch beiden Freude bereiten:

- **Schaut gemeinsam Filme oder Serien.** Halte zwischendurch immer mal an oder nutze die Werbepausen, um Verständnisfragen zu stellen. So überprüfst du, dass dein Kind konzentriert bei der Sache ist und wirklich versteht, was es gerade sieht. Auch nach dem Film sprecht ihr darüber, was spannend oder lustig war und was dein Kind daraus lernt.
- **Kooperative Spiele ausprobieren:** Findet Spiele, die ihr zusammen auf dem Tablet oder Computer spielen könnt. Dabei müsst ihr gar nicht gegeneinander antreten. Es gibt so viele Rollen-, Rätsel- oder Abenteuerspiele, die sich kooperativ spielen lassen. Das fördert die Teamarbeit und macht einfach Spaß.
- **Wissens- oder Lern-Apps:** Zeige deinem Kind solche Anwendungen, um mehr über Natur, Technik oder fremde Länder zu lernen. Auf diese Weise wird die Medienzeit zu einem wertvollen Lernmoment.

74. Weg: Alternative Aktivitäten anbieten

Kinder schnappen sich oft das Tablet oder das Smartphone, wenn ihnen langweilig ist. Haben sie keine Ideen, wie sie sich anders beschäftigen sollen, sind Medien natürlich eine einfache Lösung. Deshalb solltest du kreative Alternativen anbieten, die genauso spannend sind wie das, was dein Kind auf einem Bildschirm sieht. Das einfachste Mittel gegen Langeweile ist immer, an die frische Luft zu gehen. Dort ist auch kein Fernseher oder Tablet in der Nähe. Stattdessen powert sich dein Kind aus und verbindet sich mit der Natur. Biete alternativ spannende Bastelarbeiten, Brettspiele oder Rollenspiele an.

75. Weg: Bildschirmfreie Zonen bestimmen

Richte bei dir zu Hause unbedingt bildschirmfreie Zonen ein, die für alle Familienmitglieder gelten. So setzt du klare Grenzen für die Mediennutzung und reservierst bestimmte Orte ausschließlich für Aktivitäten ohne Bildschirm. Diese Bereiche schaffen Oasen für konzentriertes Lernen, Entspannung und kreatives Schaffen. Ich empfehle, wenigstens die folgenden drei Orte im Haushalt medienfrei zu halten:

- **Esstisch**: Beim gemeinsamen Essen stehen Genuss, Unterhaltung und Austausch im Vordergrund. Ohne Bildschirme fokussiert ihr euch ganz auf die gemeinsame Zeit und die Gespräche. Das stärkt den Zusammenhalt und gibt Raum für echte Interaktion.
- **Schlafzimmer**: Wenn ihr auf Bildschirme im Schlafzimmer verzichtet, schläft dein Kind besser. Der Schlaf wird durch das Blaulicht von Bildschirmen nicht gestört. Ein medienfreies Schlafzimmer unterstützt gesunde Schlafgewohnheiten und Erholung. Natürlich kann auch nur das Bett als bildschirmfreie Zone deklariert werden. Dann kann dein Kind im Rest seines Kinderzimmers Medien nutzen.
- **Hausaufgabenbereich**: Ein Arbeitsplatz ohne Ablenkung durch Bildschirme hilft deinem Kind, sich besser zu konzentrieren und in Ruhe zu lernen. So bleibt der Lernprozess effektiv und die Aufgaben sind schneller erledigt. Erlaube am Schreibtisch deines Kindes daher am besten nur Medien, wenn es diese wirklich für die Hausaufgaben benötigt.

Bildschirmfreie Zonen unterstützen dein Kind dabei, sich auf die wichtigen Momente zu konzentrieren und gesunde Gewohnheiten zu entwickeln.

76. Weg: Ein medienfreier Tag pro Woche

Ich bin überzeugt von der Idee, einen bildschirmfreien Tag pro Woche einzuführen. Dieser gilt dann natürlich für alle Familienmitglieder gleichermaßen. So ein medienfreier Tag kann wahre Wunder bewirken. Er hilft euch, bewusster mit dem Medienkonsum umzugehen und schafft Platz für andere Aktivitäten. Die Kreativität sprudelt und die Türen zu neuen Abenteuern werden geöffnet. Außerdem stärkt die medienfreie Auszeit die ganze Familie. An diesem Tag könnt ihr euch bewusst für Aktivitäten entscheiden, die ohne Bildschirm auskommen:

- **Outdoor-Aktivitäten:** Nutzt diesen Tag für Ausflüge in die Natur. Geht wandern, im Park spazieren oder auf den Spielplatz. Die frische Luft und Bewegung beleben euch und helfen, Stress abzubauen.
- **Basteln und Kreativität:** Malt zusammen, bastelt oder startet ein kreatives Projekt. Solche Tätigkeiten fördern eure Fantasie und schaffen schöne gemeinsame Erinnerungen.
- **Brettspiel-Abend:** Plant einen Spieleabend mit Brett- oder Kartenspielen. Entdeckt zusammen, wie viel Spaß gemeinsame Zeit auch ohne Medien bereitet.

Ein fester Tag ohne Bildschirme bringt eine wertvolle Pause in euren Alltag. Überdies unterstützt er euch alle dabei, neue Interessen und Hobbys zu erkunden.

77. Weg: Medienkonsum überwachen

Um sicherzustellen, dass dein Kind gesund mit Medien umgeht, solltest du bewusst lenken, was es konsumiert. Es geht nicht darum, die Freude an digitalen Inhalten zu verderben. Vielmehr solltest du eine gesunde Balance finden und das Bewusstsein für eine sinnvolle Nutzung schärfen. Ich empfehle dir, auf jeden Fall Apps für Bildschirmzeit-Berichte zu installieren. Dadurch siehst du genau, wie viel Zeit dein Kind täglich in digitale Medien investiert. Pass darauf auf, welche Inhalte dein Kind ansieht. Richte entsprechende Sperren und Blockaden ein, um ungeeigneten Content zu

verbieten. Sprecht regelmäßig darüber, um sicherzustellen, dass die Inhalte altersgerecht sind und zu eurer Familie passen. Zusätzlich solltest du mit deinem Kind darüber reden, wie es ihm nach dem Medienkonsum geht: Fühlt es sich ausgeglichen oder eher gereizt? So hilfst du ihm, von selbst einen gesunden Umgang mit den Medien zu entwickeln.

QR-Code für Kinder: Ideenkarten für Hobbys und Beschäftigungen

Liebes Superpower-Kind, plagt dich wieder einmal die Langeweile? Und du hast keine Ahnung, was du als Nächstes anstellen könntest? Dann ist dieser QR-Code die perfekte Lösung für dich. Er bringt dich zu einer PDF-Datei voller Ideenkarten. Diese könnt ihr ganz leicht ausdrucken, ausschneiden und in eine Dose oder Box legen. Wann immer du nach einer spannenden Beschäftigung suchst, ziehst du einfach eine Karte und legst direkt los. Die Ideen sind kreativ und abwechslungsreich. Probiere sie allein, mit deinen Eltern oder deinen Freunden aus. Mit diesen Ideenkarten gibt es immer eine neue Überraschung und die Langeweile ist im Nu vergessen!

Teil III

PRAKTISCHE ÜBUNGEN UND MITMACHSEITEN FÜR KINDER

Hallo, du neugieriger Entdecker! Willkommen im dritten Teil dieses Buches, den ich speziell für dich entwickelt habe. Du hast ADHS, eine ganz besondere Superpower, die dir viel Energie und kreative Ideen gibt. Manchmal kann das Leben mit so viel Energie ganz schön aufregend und anstrengend sein. Genau deshalb gibt es diese Mitmachseiten: Hier findest du viele spannende Übungen und Projekte. Sie helfen dir, dich zu konzentrieren, dich auszutoben oder einfach Spaß zu haben.

Betrachte diese Seiten als kleines Abenteuer nur für dich: Mal geht es darum, dich zu beruhigen. Mal lernst du, wie du deinen Fokus trainierst. Und ein anderes Mal übst du deinen Umgang mit Wut und Frust. Außerdem zeige ich dir, wie du deine täglichen Erfolge aufschreibst, um dich immer daran zu erinnern. Hier darfst du ausprobieren, Neues entdecken und herausfinden, wie du am besten mit deiner Energie umgehst. Schnapp dir einfach Schreib- und Bastelsachen und schon kann es losgehen. Diese Seiten gehören ganz allein dir!

Kapitel 7: Kreatives Austoben

Hier in Kapitel 7 dreht sich alles darum, deine Fantasie auszuleben. Deine Superpower ADHS schenkt dir eine riesige Portion Kreativität und Ideen. Genau das macht dich einzigartig! Kreativ sein bedeutet, dass du mit deinen Händen und deiner Fantasie etwas Neues schaffst. Das hilft dir, deine Energie zu nutzen, bringt deinen Kopf zur Ruhe und weckt den Stolz auf deine Erfolge. Durch kreatives Austoben lernst du, geduldig zu sein und nicht gleich aufzugeben, wenn etwas nicht auf Anhieb klappt. **Und das Beste:** Es gibt hier keinen „richtigen" oder „falschen" Weg! Alles, was du erschaffst, ist richtig – und zwar so, wie es ist. Lass uns gemeinsam loslegen und deine Ideen zum Leben erwecken.

Bastelanleitungen und Kreativprojekte für Kinder

Bist du bereit, richtig kreativ zu werden? Auf den nächsten Seiten findest du tolle Bastelanleitungen und kreative Projekte, die du selbst ausprobieren kannst. Von einem Beruhigungsglas bis zu bunten Mosaikbildern – hier ist für jeden das Passende dabei! Nutze dabei deine Hände und deinen Kopf, lerne neue Dinge und lass deiner Fantasie freien Lauf. Jede Anleitung zeigt dir Schritt für Schritt, was du brauchst und wie du vorgehst. **Und das Beste ist:** Am Ende hältst du etwas in den Händen, das du selbst gemacht hast! Schnapp dir also deine Materialien und mach dich bereit für deine kreative Reise.

1. Bastle dein eigenes Beruhigungsglas

Hast du schon einmal etwas von einem Beruhigungsglas gehört? Nein? Dann wird es aber Zeit! Ein solches Glas hilft dir, dich zu konzentrieren, zu entspannen und zu beruhigen. Es ist einfach ein Glas voll Wasser, in dem bunter Glitzer schwebt. Wenn du es schüttelst, tanzen die Glitzerpartikel durch die Flüssigkeit und du kannst ihnen beim Sinken zusehen. Das kann richtig beruhigend wirken. Und das Beste daran: Ein solches Beruhigungsglas kannst du dir ganz einfach selbst basteln. Ich verrate dir jetzt, wie das geht!

DU BRAUCHST

- ✓ Ein Glas oder eine Plastikflasche, die sich fest verschließen lässt
- ✓ Warmes Wasser
- ✓ Durchsichtigen Bastelkleber oder Glitzerleim
- ✓ Lebensmittelfarbe
- ✓ Glitzer in verschiedenen Farben
- ✓ Wenn du möchtest, ein paar kleine bunte Steinchen oder Pailletten
- ✓ Klebeband oder Heißkleber für den Verschluss

Schritt-für-Schritt-Anleitung

1. Fülle das Glas zu etwa drei Vierteln mit warmem Wasser. Es sollte wirklich warm sein, denn dann löst sich der Kleber besser auf.

2. Gib zwei bis drei Esslöffel Bastelkleber ins Wasser. Je mehr Leim du verwendest, desto langsamer sinkt der Glitzer später. Probiere ruhig aus, wie es dir am besten gefällt.

3. Jetzt wird's bunt! Füge Glitzer in verschiedenen Farben hinzu. Wähle deine liebste Kombination – etwa Gold und Blau oder Rosa und Silber.
4. Tropfe etwas Lebensmittelfarbe hinein, um das Wasser leicht zu färben. Aber Achtung: Nimm nicht zu viel! Wenn das Wasser zu dunkel wird, kannst du den Glitzer nicht mehr gut sehen.
5. Verschließen: Schraube den Deckel fest zu und kontrolliere, ob nichts ausläuft. Sichere den Rand zusätzlich mit Klebeband oder Heißkleber.
6. Schüttle die Flasche gründlich durch, damit sich alles schön verteilt.

So benutzt du dein Beruhigungsglas:

Wenn du mal eine Pause brauchst, schüttle das Glas sanft. Schau anschließend zu, wie sich der Glitzer langsam absetzt. Das hilft dir, zur Ruhe zu kommen und dich zu entspannen. Diesen Prozess kannst du wiederholen, bis du dich ruhiger und gelassener fühlst. Hab dein Beruhigungsglas am besten jederzeit griffbereit. Dann kannst du dir eine Auszeit nehmen, wann immer dir der Sinn danach steht.

2. Bemale Steine

Steine zu bemalen, macht Spaß und bringt Farbe in deinen Tag! Du kannst die bemalten Steine verschenken, draußen verstecken oder damit dein Zimmer schmücken. Jeder Stein ist ein Unikat und kann tolle Muster, Tiere oder bunte Fantasiefiguren zeigen. Bevor du loslegen kannst, brauchst du natürlich erst mal Steine. Also halte in Zukunft die Augen nach schönen Exemplaren offen, wenn du draußen unterwegs bist.

DU BRAUCHST

- ✓ glatte Steine deiner Wahl
- ✓ Acrylfarben oder wasserfeste Filzstifte
- ✓ Pinsel in verschiedenen Größen
- ✓ einen Becher Wasser zum Ausspülen der Pinsel
- ✓ Küchenpapier oder Tuch zum Abwischen
- ✓ Zeitung oder ein altes Tuch, um deinen Arbeitsplatz zu schützen
- ✓ Klarlack (sprühbar oder flüssig)

Schritt-für-Schritt-Anleitung:

1. Wähle glatte Steine in verschiedenen Formen und Größen aus. Wasche sie erst einmal ab, damit sie sauber sind und die Farbe gut haften bleibt. Nach dem Waschen müssen sie aber noch vollständig trocknen, bevor du mit dem Bemalen beginnst.

2. Falls du einen hellen Hintergrund möchtest, grundierst du den Stein mit weißer Farbe. Dann leuchten die Farben später intensiver.

3. Überlege dir, was du malen möchtest, während die Grundierung trocknet. Du könntest Tiere wie Eulen, Frösche oder Marienkäfer zeichnen. Aber auch einfache Muster wie Streifen, Punkte oder Zickzack-Linien sind bei der Steine-Malerei beliebt. Genauso gut kannst du kleine Botschaften oder Symbole auf die Oberfläche malen. Hier sind deiner Fantasie keine Grenzen gesetzt!

4. Male zuerst die größeren Flächen und lass sie gut trocknen. Danach kannst du feine Details hinzufügen. Für kleinere Nuancen nimmst du am besten einen dünnen Pinsel oder Filzstifte.

5. Lass den Stein gut trocknen, bevor du weitere Farben hinzufügst oder ihn berührst.

6. Wenn du möchtest, dass dein Kunstwerk wetterfest wird, kannst du es mit einem Klarlack überziehen. So leuchten die Farben länger und dein Kunstwerk ist auch draußen haltbar.

So verwendest du deine bemalten Steine:

Natürlich kannst du die Steine einfach als Deko für das Kinderzimmer nutzen. Oder du verschenkst sie an liebe Menschen! Alternativ nutzt du sie als Wandersteine und versteckst sie im Park oder Wald. Jeder bemalte Stein ist einzigartig – und wer ihn findet, wird sich garantiert freuen!

3. Gestalte dir einen Zauberstab

Ein eigener Zauberstab – wie cool ist das denn? Mit deinem selbstgemachten Zauberstab kannst du in fantastische Welten eintauchen und kreative Rollenspiele erleben. Dieser Magierstab ist nur für dich und kann so einzigartig sein wie du selbst!

DU BRAUCHST:

- ✓ einen dünnen, geraden Ast (etwa 20 bis 30 cm lang)
- ✓ Acrylfarben
- ✓ Material zum Verzieren wie Glitzer, kleine Perlen oder Strasssteine
- ✓ Bänder in verschiedenen Farben
- ✓ Klarlack
- ✓ Pinsel und Wasserbecher
- ✓ Heißklebepistole (oder Holzleim)

Schritt-für-Schritt-Anleitung:

1. Suche dir draußen einen kleinen, geraden Ast. Achte darauf, dass er stabil ist und keine Risse hat. Entferne kleine Ästchen oder Rinde, falls nötig, damit der Stab schön glatt wird.

2. Dieser Schritt ist optional. Du kannst den Ast in einer Farbe grundieren oder einfach seine natürliche Holzfarbe lassen. Wenn du eine Grundfarbe möchtest, trage eine Schicht Acrylfarbe auf und lass sie gut trocknen.

3. Male den Stab mit deinen Lieblingsmustern und Farben an. Streifen, Punkte oder spiralförmige Linien sehen auf einem Zauberstab toll aus! Verwende dazu einen feinen Pinsel. Danach heißt es wieder: abwarten, bis die Farbe getrocknet ist.

4. Trage etwas Heißkleber auf den Stab auf und streue Glitzer darüber, damit der Zauberstab funkelt. Für einen besonderen Look klebst du kleine Strasssteine, Perlen oder winzige Anhänger an den Stab. Erlaubt ist alles, was dir gefällt!

5. Schneide bunte Bänder zurecht und knote sie um das untere Ende des Stabs. Du kannst die Enden der Bänder locker hängen lassen oder sie zu kleinen Schleifen binden. Dadurch wirkt dein Zauberstab so richtig schön magisch!

6. Wenn du möchtest, trägst du am Ende eine Schicht Klarlack auf den Stab auf, um alle Deko-Elemente zu fixieren. So hält dein Zauberstab länger und ist wetterfest. Du kannst ihn also dann auch draußen nutzen!

Wie du den Zauberstab nutzen kannst:
Mit dem fertigen Zauberstab wirst du selbst zum Magier. Erfinde Zaubersprüche und spiele Hexe oder Zauberer. Benutze den Stab als Requisit, wenn du dir neue Geschichten ausdenkst. Also, was wird wohl dein erster Zauberspruch sein?

4. Schaffe Figuren aus Salzteig

Mit Salzteig kannst du all die Figuren formen, die dir einfallen: ob Tiere, Fantasiefiguren oder kleine Anhänger zur Dekoration. Das Tolle an Salzteig ist, dass du ihn einfach selbst machen und ihn nach dem Trocknen sogar bemalen kannst. Los geht's!

DU BRAUCHST:

- ✓ 1 Tasse Mehl
- ✓ 1 Tasse Salz
- ✓ eine halbe Tasse Wasser
- ✓ eine Schüssel zum Mischen
- ✓ Backpapier
- ✓ Acrylfarben
- ✓ Pinsel, Zahnstocher und kleine Ausstechformen
- ✓ Klarlack

Schritt-für-Schritt-Anleitung:

1. Gib das Mehl und Salz in eine Schüssel und vermische sie gut. Füge langsam das Wasser hinzu und knete den Teig mit den Händen, bis er schön glatt und weich ist. Sollte er zu klebrig sein, gib etwas mehr Mehl dazu. Wenn er zu trocken ist, füge ein kleines bisschen Wasser hinzu. Finde auf diese Weise die perfekte Konsistenz des Teiges!
2. Jetzt kommt der kreative Teil. Überlege dir, welche Figuren du gestalten möchtest. Du kannst Tiere, Herzen, Sterne oder auch Fantasiewesen formen. Hast du einen Kaufmannsladen oder eine Kinderküche? Dann gestalte dir aus Salzteig doch Gemüse, Obst, Brot, Wurst und Fleisch.

Das Rollen, Drücken und Formen macht riesigen Spaß! Für Details kannst du Zahnstocher benutzen. Wenn du einfache Anhänger herstellen willst, steche sie mit Ausstechformen wie Kekse aus dem Teig aus.

3. Sobald du mit dem Formen fertig bist, legst du die Figuren auf ein mit Backpapier ausgelegtes Blech. Lasse sie an der Luft etwas trocknen, bevor du sie bäckst. Stelle den Ofen auf 100 bis 120 Grad und backe deine Figuren für zwei Stunden, bis sie fest und hart sind. Zwischendurch solltest du sie drehen, damit sie von allen Seiten gut trocknen.

4. Nach dem Backen sollten die Figuren vollständig auskühlen, bevor du sie bemalst. So hält die Farbe besser und du verwischst nichts.

5. Schnapp dir deine Lieblingsfarben und bemale deine Salzteigfiguren nach Lust und Laune. Hier kannst du besonders kreativ werden! Nutze Acrylfarben und gestalte jedes Detail so, wie du es möchtest.

6. Ich empfehle, zum Schluss eine Schicht Klarlack aufzutragen. Dadurch bleiben die Farben länger schön und deine Kunstwerke sind widerstandsfähiger.

Wie du deine Salzteigfiguren nutzen kannst

Verwandle deine Kunstwerke in Schlüsselanhänger, Deko für dein Zimmer oder verschenke sie an Freunde und Familie. Natürlich kannst du sie auch zum Spielen nutzen.

5. Stelle selbst Seife her

Seife herzustellen, ist ein tolles Kreativprojekt – und nebenbei entsteht so ein wunderbares Geschenk. Viele Kinder wissen gar nicht, wie einfach sie selbst Seife machen können. Hier verrate ich dir, wie es mit wenigen Zutaten funktioniert!

DU BRAUCHST:

- ✓ Glycerin-Seifenbasis (erhältlich im Bastelladen)
- ✓ Seifenfarben oder Lebensmittelfarben
- ✓ ätherische Öle wie Lavendel, Zitrone oder Pfefferminze für den Duft
- ✓ Formen (Silikonformen eignen sich prima)
- ✓ getrocknete Blüten oder Kräuter (optional)
- ✓ Plastikschüssel (geeignet für die Mikrowelle) oder Topf
- ✓ Holzlöffel zum Umrühren

Schritt-für-Schritt-Anleitung:

1. Schneide die Seifenbasis in kleine Würfel. Gib diese in eine Schüssel und erhitze sie in kurzen Intervallen in der Mikrowelle, bis die Basis geschmolzen ist. Falls du keine Mikrowelle hast, kannst du die Seifenbasis auch in einem Topf über einem Wasserbad schmelzen. Lass dir dabei von einem Erwachsenen helfen.

2. Sobald die Seifenbasis flüssig ist, kannst du sie einfärben und beduften. Gib ein paar Tropfen Seifen- oder Lebensmittelfarbe hinzu, um ihr eine schöne Farbe zu verleihen. Dann wähle ein ätherisches Öl, das dir gut gefällt, und füge etwa fünf Tropfen hinzu. Rühre alles gut um, damit sich die Farbe und der Duft gleichmäßig verteilen.

3. Für eine besonders schöne Seife kannst du nun noch getrocknete Blüten oder Kräuter hinzufügen. Das sieht toll aus und gibt der Seife eine spezielle Note. Rühre die Blüten oder Kräuter vorsichtig in die flüssige Seife ein.

4. Gieße die flüssige Seife vorsichtig in die Silikonformen. Achte darauf, dass du die Formen nicht bis zum Rand füllst, damit die Seife beim Herausnehmen stabil bleibt. Möchtest du mehrere Farben oder Düfte herstellen? Dann kannst du auch kleine Mengen in verschiedenen Varianten vorbereiten und dann in die Formen füllen.

5. Lass die Seife in den Formen bei Zimmertemperatur vollständig aushärten. Dies kann je nach Größe der Formen ein paar Stunden oder sogar über Nacht dauern. Stelle sie in den Kühlschrank, wenn es schneller gehen soll.

6. Sobald die Seife fest ist, löst du sie vorsichtig aus den Formen. Wenn du Silikonformen nimmst, geht das besonders leicht. Wenn die Ränder nicht ganz glatt sind, kannst du sie vorsichtig mit einem Messer begradigen. Hier kann dir sicher ein Elternteil helfen.

Wie du deine Seife nutzen kannst

Deine Seife ist jetzt fertig! Verpacke sie in hübsches Papier oder lege sie in ein Säckchen. So hast du ein tolles Geschenk für Freunde und Familie. Natürlich kannst du deine selbstgemachte Seife auch einfach selbst nutzen! Sie lässt sich genauso verwenden wie eine ganz normale Handseife. Viel Spaß damit!

6. Simuliere einen Vulkanausbruch

Ein Vulkanausbruch zum Selbermachen – klingt spannend, oder? Mit diesem Experiment kannst du deinen eigenen Vulkan bauen und den Lava-Ausbruch ganz nah miterleben. Keine Angst: Das Ganze ist natürlich vollkommen ungefährlich. Diese Anleitung zeigt dir, wie du einen ausbrechenden Vulkan kinderleicht zu Hause umsetzen kannst.

DU BRAUCHST:

- ✓ eine leere Plastikflasche oder ein kleines Glas (für das Vulkaninnere)
- ✓ etwa drei bis vier Esslöffel Backpulver
- ✓ eine halbe Tasse Essig
- ✓ Lebensmittelfarbe (rot oder orange für die Lavaglut)
- ✓ ungefähr einen Teelöffel Spülmittel
- ✓ Zeitungspapier zum Modellieren des Vulkans
- ✓ eine große Schale oder ein Tablett, um das Experiment sauber durchzuführen

Schritt-für-Schritt-Anleitung:

1. Nimm die leere Plastikflasche oder das Glas und stelle es in die Mitte der großen Schale oder auf ein Tablett. Das Gefäß wird später das Vulkaninnere darstellen.

2. Nun geht es ans Modellieren: Zerknülle Zeitungspapier, wickle es um die Flasche und forme daraus einen Vulkanberg. Tipp: Du kannst dafür auch Knete benutzen. Lass oben die Flaschenöffnung frei, denn dies ist der Krater deines Vulkans.

3. Wenn du Zeit und Lust hast, bemale den Berg in Brauntönen für die Erde und in Rot- oder Orangetönen für die heiße Lava. Dadurch sieht dein Vulkan noch realistischer aus!

4. Gib drei bis vier Esslöffel Backpulver in die Flasche im Krater deines Vulkans. Füge dann einen Teelöffel Spülmittel hinzu. Diese Kombination sorgt für einen schön schäumenden Ausbruch! Gib am besten ein paar Tropfen rote oder orange Lebensmittelfarbe dazu, um die Lava zum Leuchten zu bringen.

5. Jetzt wird es spannend! Gieße eine halbe Tasse Essig in die Flasche und sieh zu, wie dein Vulkan ausbricht. Der Essig reagiert mit dem Backpulver. Dabei bildet er Blasen, die durch das Spülmittel noch mehr schäumen und wie fließende Lava aus dem Krater strömen. Ist das nicht wunderbar anzusehen?

6. Möchtest du den Ausbruch wiederholen? Dann gib einfach mehr Backpulver und Essig hinzu! Du kannst auch die Menge an Essig und Backpulver anpassen, um die Intensität des Ausbruchs zu verändern. Experimentiere gerne ein wenig herum.

Was du über dieses Experiment wissen solltest

Dieser Versuch eignet sich besonders gut für draußen, da der Lava-Ausbruch etwas kleckern kann. Alternativ kannst du das Experiment auch in der Spüle machen – oder du probierst es in der Badewanne. Und warum funktioniert dieser Vulkanausbruch so gut? Ganz einfach: Die Reaktion zwischen Essig (Säure) und Backpulver (Base) setzt Kohlendioxid frei. Dieses lässt den Schaum aufsteigen und ausbrechen.

7. Kreiere ein Mosaikbild aus Naturmaterialien

Bei diesem Kunstprojekt kannst du deine kreativen Fähigkeiten entfalten und gleichzeitig die Natur erkunden. Du wirst staunen, was für ein tolles Bild nur mit Dingen, die du draußen findest, entstehen kann.

DU BRAUCHST:

- ✓ verschiedene Naturmaterialien wie Steine, Blätter, Blüten, Zweige, Rinde, Kastanien oder Zapfen
- ✓ ein großes Stück Karton oder eine Holzplatte als Untergrund
- ✓ Flüssigkleber oder eine Heißklebepistole
- ✓ Stift zum Skizzieren deiner Idee
- ✓ optional: Farben und Pinsel für zusätzliche Akzente

Schritt-für-Schritt-Anleitung:

1. Gehe nach draußen und sammle verschiedene Naturmaterialien. Achte darauf, variierende Farben und Formen zu wählen, damit dein Mosaik lebendig wird. Blätter, kleine Steine und Blüten bringen viel Farbe und Abwechslung in dein Bild.
2. Überlege dir, was du gestalten möchtest. Vielleicht ein Tier, eine Blume oder ein Muster? Zeichne dein Motiv vorher mit einem Stift auf den Karton oder die Holzplatte. Das hilft dir, die Anordnung der Materialien besser im Blick zu behalten.
3. Lege die Naturmaterialien ohne Kleber erst einmal so auf die Unterlage, wie du sie dir vorstellst. Auf diese Weise kannst du ausprobieren, was gut aussieht, und es einfach wieder verschieben, bis du zufrieden bist.

4. Wenn die Anordnung stimmig ist, klebe jedes Teil vorsichtig auf den Karton oder die Holzplatte. Arbeite dich Schritt für Schritt durch das Bild, damit alles gut hält und an seinem Platz bleibt.

5. Möchtest du deinem Bild noch mehr Farbe geben? Male ein paar Details direkt auf den Karton oder nutze kleine Pinsel und Farbe, um dein Mosaik zu ergänzen.

Wie du dein Natur-Mosaik verwenden kannst

Suche einen Platz im Zimmer oder im Garten aus. Stelle oder hänge es auf und erfreue dich an dem, was du mit deinen eigenen Händen geschaffen hast. Wenn du Lust hast, kannst du dein Mosaik immer wieder neu gestalten. Sammle neue Materialien und arrangiere sie um dein Mosaik herum. Oder bastle neue Varianten und verschenke sie an deine Lieben.

QR-Code für Kinder: Malvorlagen zum Ausdrucken

Hinter dem folgenden QR-Code findest du fünf Malvorlagen zum Ausdrucken. Hier kannst du kreativ werden, dich mit Farben austoben und deine eigenen Ideen einbringen. Male, gestalte und entspanne dich – ganz nach deinem Geschmack. Schnapp dir deine Stifte und leg los!

Kapitel 8: Fokus-Training und Achtsamkeit

Kennst du das? Du sitzt in der Schule, versuchst, dem Lehrer zuzuhören, doch schon nach ein paar Minuten schweifen deine Gedanken ab. Plötzlich denkst du an alles Mögliche: an das, was du später spielen willst oder an ein lustiges Bild aus deinem Lieblingsbuch. Vielleicht beobachtest du auch, wie ein Vogel draußen am Fenster vorbeifliegt. Ehe du dich versiehst, weißt du gar nicht mehr, worum es im Unterricht ging. Es fällt dir schwer, wieder aufzupassen. Mach dir keine Sorgen, solche Momente sind ganz normal!

Trotzdem musst du nicht einfach hinnehmen, dass du dich schwer konzentrieren kannst. In diesem Kapitel zeige ich dir einige Übungen, mit denen du trainierst, dich nicht so leicht ablenken zu lassen. Gezieltes Fokustraining stärkt deine Aufmerksamkeit. Stell sie dir vor wie einen Muskel, der mit jeder Übung kräftiger wird. Je mehr du übst, desto leichter fällt es dir, bei der Sache zu bleiben und sie zu beenden. Auch die hier vorgestellten Achtsamkeitsübungen helfen dir, deinen Fokus zu halten. Du lernst damit, im Hier und Jetzt zu leben und den Moment zu genießen. Das baut Stress und Spannungen ab, was wiederum deine Konzentration fördert.

Das Beste daran: Die Übungen hier sind wie kleine Spiele, die dir Spaß machen werden! Du lernst, dich auf deine Atmung oder deine Sinne zu fokussieren. Und mit der Zeit merkst du, dass du dich immer besser auf eine Sache fokussieren kannst. Bald wirst du auch in der Schule weniger abschweifen, versprochen!

Übungen zur Konzentration und Fokussierung

Gehen wir also zuerst das Konzentrationstraining an. In diesem Abschnitt findest du fünf Übungen, mit denen du deine Aufmerksamkeit steigern und dich besser fokussieren kannst. **Denk daran:** Diese Übungen sind kleine Herausforderungen. Sie helfen dir, länger bei der Sache zu bleiben und dich nicht so leicht ablenken zu lassen. Es geht darum, dir Dinge zu merken, nicht so schnell aufzugeben und bei einer Sache zu bleiben. Probiere die Ideen einfach mal aus und schau, welche am besten für dich funktionieren! Mit etwas Übung stellst du bald fest, dass du dich immer besser fokussieren kannst.

1. Merke dir ein Bild

Setze dich an einen gemütlichen Ort und nimm dir ein Bild mit vielen kleinen Details: vielleicht aus einer Zeitschrift, eine Naturaufnahme oder ein selbst aufgenommenes Foto. Schau dir das Bild genau an und achte auf möglichst viele Einzelheiten: Welche Farben siehst du? Wie sind die Dinge auf dem Bild angeordnet? Gibt es Muster oder interessante Kleinigkeiten, die du auf den ersten Blick übersehen könntest? Betrachte das Bild eine ganze Minute lang und versuche, so viel wie möglich im Kopf zu behalten. Dann schließe die Augen und denke nach: Was hast du dir gemerkt? Gehe gedanklich die Farben bestimmter Objekte durch, nenne die Anzahl einzelner Dinge oder die Position der Bildelemente.

Wenn du so weit bist, öffne die Augen wieder und vergleiche das Bild mit deiner Erinnerung. Schau, was du alles bemerkt hast und was dir vielleicht entgangen ist. Mit der Zeit versuchst du, dir immer mehr Details einzuprägen und so dein Bildgedächtnis zu verbessern. Diese Übung stärkt dein Gedächtnis und deine Fähigkeit, dich auf Details zu konzentrieren. Je öfter du das wiederholst, desto besser wirst du darin, auch im Alltag Dinge aufmerksam und genau zu beobachten.

2. Münzen stapeln

Suche dir ein paar Münzen und setze dich an einen ruhigen Platz am Tisch. Lege die Münzen vor dich hin. Dein Ziel ist es, sie fein säuberlich übereinanderzustapeln, bis ein hoher Turm entsteht. Versuche, jede Münze ganz entspannt und behutsam hinzulegen, damit der Turm nicht kippt. **Aber Vorsicht:** Wenn du ungeduldig oder abgelenkt bist, könnte der Münzturm wackeln und umfallen.

Während der Übung richtest du all deine Aufmerksamkeit auf die Münzen. Versuche, andere Gedanken und Geräusche auszublenden. Konzentriere dich darauf, jede Münze mit Fingerspitzengefühl abzulegen. Achte darauf, wie du die Münzen mit deinen Fingern hältst und wie ruhig deine Hände sind. Diese Übung schult deine Geduld und Feinmotorik. Mit der Zeit kannst du versuchen, den Turm noch höher zu bauen und länger konzentriert zu bleiben. Und sollte der Turm umfallen, ist das nicht schlimm: Beginne einfach von Neuem und versuche, diesmal noch ruhiger und fokussierter zu sein.

3. Finde den Buchstaben

Für diese Übung benötigst du ein Blatt Papier mit einem Text. Nimm eine Seite aus einem (alten) Buch, einer Zeitschrift oder lass dir einfach einen Text aus dem Internet ausdrucken. Dein Ziel ist es, einen bestimmten Buchstaben – etwa das „A" – auf der Seite zu finden und zu zählen. **Also:** Mach es dir bequem, atme tief durch und dann leg konzentriert los. Schau dir den Text Zeile für Zeile an und zähle jedes „A", das dir ins Auge fällt.

Gehe dabei ganz gewissenhaft vor, damit dir kein „A" durch die Lappen geht. Versuche, dich nicht ablenken zu lassen und richte deinen ganzen Fokus auf diesen einen Buchstaben. Aber pass auf, dass du nicht zu schnell wirst, sonst übersiehst du schnell mal ein „A". Diese Übung ist eine echte Konzentrationsprobe! Wenn du die ganze Seite durch hast, halte kurz inne und überprüfe deine Zählung. Wenn jemand bei dir ist, bitte diese Person, noch mal zu zählen. So prüft ihr, ob ihr auf die gleiche Anzahl kommt. Wiederhole diese Übung ruhig auch mit anderen Buchstaben. Umso besser wirst du nämlich darin, dich auf Kleinigkeiten zu konzentrieren und Ablenkungen zu ignorieren.

4. Merke dir die Begriff-Reihenfolge

Bei diesem Spiel schreibst du ein paar Wörter auf einen Zettel – zum Beispiel: „Hund, Baum, Auto, Sonne, Ball." Jetzt geht es darum, dir die Reihenfolge dieser Begriffe zu merken. Schau dir die Wörter genau an. Versuche, sie im Kopf miteinander zu verknüpfen. Wenn das schwierig für dich ist, denke dir eine kleine Geschichte dazu aus. **Etwa:** „Der Hund unter dem Baum sieht ein Auto. Die Sonne scheint und ein Ball rollt heran."

Schaue dir die Wörter etwa 30 Sekunden lang an. Wenn du bereit bist, decke den Zettel ab. Versuche jetzt, die Begriffe aus dem Gedächtnis in der richtigen Reihenfolge aufzuschreiben. Hat es geklappt? Wenn nicht, schaue erneut und probiere es abermals, bis du den Ablauf im Kopf hast. Du kannst die Übung auch schwieriger gestalten, indem du mehr Wörter hinzufügst. Schaffst du es auch mit sieben oder gar zehn Begriffen? Mit jeder Runde stärkst du dein Gedächtnis und deine Fähigkeit, dich auf eine Aufgabe voll zu konzentrieren. Überdies lernst du, dir Informationen mit cleveren kleinen Tricks einzuprägen. Das ist auch in der Schule sehr nützlich.

5. Baue einen Streichholzturm

Alles, was du für diese Aktivität brauchst, sind eine Packung Streichhölzer und eine ruhige Umgebung. Deine Aufgabe ist es, einen Turm zu bauen, indem du die Streichhölzer so vorsichtig wie möglich übereinanderlegst. Setz dich also an einen stabilen Tisch und platziere die Hölzer in der Mitte. Starte, indem du zwei Streichhölzer parallel zueinander auf die Tischplatte legst. Das wird die Basis deines Turms. Quer darauf legst du zwei weitere Streichhölzer, sodass ein kleines Quadrat entsteht. Jetzt kannst du vorsichtig weiter stapeln. Jedes Mal, wenn du ein Streichholz platzierst, halte kurz inne und beobachte, wie sich der Turm verhält. Kippt er leicht zur Seite? Musst du die Streichhölzer etwas verschieben, damit alles im Gleichgewicht bleibt?

Je höher der Turm wird, desto vorsichtiger musst du sein. Deine Hände sollten ruhig und langsam arbeiten. Deine volle Konzentration ist gefragt, denn: Sobald deine Gedanken abschweifen oder du zu schnell wirst, könnte der

Turm einstürzen! Die Übung bringt dich ganz in den Moment und hilft dir, dein Feingefühl und deine Geduld zu schulen. Jeder Millimeter zählt, wenn du das Streichholz auflegst. Bleibe geduldig und lass dich nicht entmutigen, wenn der Turm einmal umkippt. Mit jedem Versuch wirst du sicherer und kannst ihn beim nächsten Mal vielleicht noch höher bauen.

Spielerische Achtsamkeitsübungen: den Moment genießen lernen

Achtsamkeit heißt, ganz im Moment zu leben und alles um dich herum bewusst wahrzunehmen. In diesem Abschnitt findest du einfache Übungen, mit denen du deine Umgebung und deine Gefühle besser spürst. Spielerische Achtsamkeitsübungen bringen dich ins Hier und Jetzt, sodass du es ohne Ablenkungen genießen kannst. Diese kleinen Achtsamkeitsspiele machen Spaß und lassen dich spüren, wie schön es ist, den Augenblick voll auszukosten. Probiere sie aus und erlebe, wie angenehm es sich anfühlt, entspannt und aufmerksam zu sein!

1. Fokussiere eine Flamme

Hole dir eine Kerze oder ein Teelicht. Suche dann einen gemütlichen, ungestörten Ort auf, an dem du dich wohlfühlst. Mache es dir bequem, zünde die Kerze mit der Hilfe eines Erwachsenen an und stelle sie sicher vor dich. Nimm ein paar tiefe Atemzüge, um dich zu entspannen und dich auf die Übung einzustimmen. Wenn du möchtest, kannst du im Hintergrund auch leise Entspannungsmusik laufen lassen. Schau dir die Flamme genau an und beschreibe sie in Gedanken. Welche Farben siehst du? Rot, Gelb, Orange oder vielleicht ein bisschen Blau? Beobachte, wie die Kerze flackert, sich bewegt und ständig ihre Form ändert. Konzentriere dich nur auf die Flamme und versuche, alles andere um dich herum auszublenden. Stell dir vor, dass deine Gedanken genauso ruhig und beständig werden wie diese Flamme.

Bleibe für mindestens zwei Minuten bei dem Kerzenlicht. **Aber keine Sorge:** Wenn deine Gedanken abschweifen, ist das völlig in Ordnung. Nimm es einfach wahr, ohne dich dafür zu verurteilen. Lenke deine Aufmerksamkeit sanft zurück zur Flamme. Mit der Zeit wird es dir immer leichter fallen, deine Gedanken zu fokussieren und konzentriert zu bleiben. Diese Übung hilft dir, achtsamer zu werden und deine Konzentration zu stärken. Das unterstützt dich später dabei, auch bei anderen Aufgaben ruhiger und fokussierter zu sein.

2. Beobachte ein Blätterrennen

Probiere diese Übung am besten draußen oder an einem offenen Fenster aus. An einem windigen Tag klappt es am einfachsten. Suche dir ein Blatt, das auf dem Boden liegt und im Wind tanzt. Falls du keins findest, funktioniert es stattdessen auch mit Seifenblasen. Sie tanzen ähnlich durch die Luft und eignen sich super für diese Übung. Setze dich ein Stück entfernt hin und konzentriere dich nur auf das Blatt oder die Seifenblasen. Schau dir genau an, wie sich das Blatt im Wind bewegt. Dreht es sich, flattert es oder hüpft es vielleicht? Stell dir vor, es erzählt eine kleine Geschichte. Vielleicht ist es auf einem Abenteuer, reist durch die Luft und überwindet Hindernisse.

Deine Aufgabe ist es, so lange wie möglich diesem Blatt zu folgen und dich nicht ablenken zu lassen. Stell dir vor, wie es mutig durch den Wind fliegt und sich tapfer hält. Falls deine Gedanken abschweifen, lenke sie sanft zurück zu deinem Blatt oder deiner Seifenblase. Diese Übung stärkt deine Fähigkeit, dich auf etwas Kleines und Bewegliches zu fokussieren. Sie hilft dir, auch im Alltag besser bei einer Sache zu bleiben, ohne dich ständig ablenken zu lassen. Genieße den Moment voller Ruhe und Aufmerksamkeit.

3. Entdecke den Gedankenzug

Hast du schon mal etwas von dem Gedankenzug gehört? Wenn nicht, wird es allerhöchste Zeit. **Also los:** Mach es dir gemütlich und schließe deine Augen. Atme tief ein und dann wieder aus, um dich in einen tiefen Zustand der Entspannung zu versetzen. Stelle dir vor, du sitzt auf einer Bank am Bahnsteig und siehst den Zügen zu, die vorbeirauschen. Jeder Zug steht für einen Gedanken, der dir durch den Kopf geht. Manche Gedanken sind schnell und flüchtig, andere bleiben vielleicht etwas länger am Bahnsteig stehen. Beobachte einfach, welche Gedanken auftauchen, und dann packe sie in einen Waggon. Kreisen deine Gedanken immer wieder um eine Prüfung in der Schule? Oder um einen Freund?

Nimm diese Überlegungen und lass sie in den Zug einsteigen. Beobachte dann, wie der Gedankenzug wieder losfährt. Du selbst springst nicht auf den Zug auf und vertiefst dich nicht weiter in deine Gedanken. Du akzeptierst, dass sie da sind, und beobachtest, wie sie den Bahnhof verlassen.

Wenn ein neuer Gedanke auftaucht, wiederholst du das Spiel: Schau ihn dir an, erkenne ihn an und lass ihn dann mit dem nächsten Zug weiterfahren. Manchmal merkst du vielleicht, dass du gedanklich einem bestimmten Zug hinterherläufst. Das ist ganz normal. Hole deine Aufmerksamkeit einfach sanft zurück zum Bahnsteig und setze dich dort vor deinem inneren Auge auf eine Bank. Konzentriere dich darauf, die Gedankengänge ohne Bewertung vorbeiziehen zu lassen. Diese Übung hilft dir, Abstand zu deinen Gedanken zu gewinnen. Sie können dich weniger ablenken oder besorgen. Du trainierst damit deine Achtsamkeit und die Fähigkeit, dich auf den Moment zu konzentrieren. Es ist eine wichtige Gabe, sich nicht von jedem kleinen Gedanken sofort mitreißen zu lassen. Mit etwas Übung wirst du bemerken, dass du ruhiger und gelassener wirst, auch wenn viele Gedanken in dir kreisen.

4. Beobachte die Wolken

Diese Aktivität ist perfekt für einen schönen Frühlings- oder Sommertag. Suche dir draußen ein gemütliches Plätzchen und breite deine Picknickdecke aus. Lege dich auf den Rücken und schaue in den Himmel. Atme ein paar Mal tief ein und versuche, all deine Gedanken und Sorgen loszulassen. Konzentriere dich jetzt nur auf die Wolken, die am Himmel vorbeiziehen. **Schau genau hin:** Vielleicht siehst du, wie sich eine Wolke langsam verändert und eine neue Form annimmt. Erkennst du ein Tier, ein Gesicht oder eine Pflanze? Oder irgendein Alltagsobjekt? Lass deiner Fantasie freien Lauf! Versuche, mit den Wolken kleine Geschichten zu erfinden. Vielleicht wird aus einem Wolkenschaf ein hüpfendes Kaninchen, oder ein Wolkenauto fährt auf einer Wolkenstraße.

Bleibe ganz bei den Wolken und lass deine Gedanken zur Ruhe kommen, während du einfach nur beobachtest und genießt. Diese Übung erfordert Geduld und verbessert gleichzeitig deine Aufmerksamkeit. Du wirst feststellen, dass die Zeit wie im Flug vergeht, wenn du einfach liegst und die Wolken anschaust. Bei dieser Achtsamkeitsübung trainierst du, in der Gegenwart zu sein und dich auf eine Sache einzulassen. Die Wolken regen deine Fantasie an und lassen dich den Moment genießen. Probiere es aus und fühle, wie entspannt du dich nach ein paar Minuten der Wolkenbeobachtung fühlst!

5. Schattenspiele mit der Taschenlampe

Hole dir für diese Idee eine Taschenlampe und ein paar kleine Figuren oder Alltagsgegenstände. Geeignet sind Spielzeugautos, eine kleine Puppe, Legosteine oder Actionfiguren. Alternativ nutzt du einfach deine eigenen Hände. Begib dich in einen ruhigen, dunklen Raum, in dem du das Licht ausschalten kannst. Schalte nur die Taschenlampe ein. Halte sie so, dass das Licht auf die Gegenstände fällt und große Schatten an die Wand wirft. Bewege die Figuren näher oder weiter weg von der Lampe. So veränderst du die Größe und Form der Schatten. Was erkennst du? Plötzlich sieht ein Teddybär vielleicht aus wie ein riesiges Ungeheuer oder ein kleiner Stein wird zum Berg!

Nutze auch deine Hände, um Figuren zu bilden. Experimentiere und versuche, Formen wie einen Vogel, ein Krokodil oder einen Schmetterling darzustellen. Denke dir gerne kleine Geschichten aus, in denen die Schattenfiguren Abenteuer erleben. Vielleicht fliegt ein Schattenvogel über Berge? Oder eventuell schleicht sich ein Löwe an seine Beute heran? Erlaubt ist alles, worauf du gerade Lust hast. Diese Übung macht so viel Spaß! Aber sie hilft dir auch, dich auf eine Sache zu konzentrieren und im aktuellen Augenblick zu bleiben. Die Schattenspiele fangen deine Aufmerksamkeit für das Licht und die Formen ein. Auf diese Weise vergisst du für eine Weile alles um dich herum.

QR-Code für Kinder: Fokustraining mit Labyrinth-Spielen

Labyrinthspiele sind nicht nur spannend, sondern auch eine tolle Übung für Konzentration und Aufmerksamkeit. Beim Lösen eines Labyrinths müssen Kinder ihren Blick fokussieren, Ablenkungen ausblenden und vorausschauend denken – genau das, was ihnen im Alltag oft schwerfällt.

Durch das Suchen des richtigen Weges wird das Arbeitsgedächtnis, die visuelle Wahrnehmung und die Geduld gestärkt. Mit jedem gelösten Labyrinth wächst das Gefühl von Erfolg und Motivation!

Also: Stift in die Hand – und finde den schnellsten Weg zum Ziel!

Kapitel 9: Wut und Frust abbauen

Im Alltag gibt es immer wieder Momente, die dich herausfordern. Du als Kind mit der Superpower ADHS weißt genau, wie sich Frust und Wut anfühlen. Diese Gefühle können überwältigend sein. Beim Spielen, in der Schule oder bei Aufgaben, die Geduld erfordern, passiert es dir manchmal, dass etwas nicht gelingt. Dann überkommt dich schnell das Gefühl von Enttäuschung und Ärger. In diesem Kapitel zeige ich dir, wie du lernst, mit diesen starken Emotionen umzugehen. Frust und Wut sind ganz normale Gefühle, die jeder mal erlebt. Die gute Nachricht ist, dass du sie steuern kannst. Es gibt nämlich Techniken, die dir dabei helfen, deinen Ärger auf gesunde Weise auszuleben. Ich stelle dir verschiedene Spiele und Methoden vor, mit denen du Frust abbauen und Wut in Energie verwandeln kannst. Dazu gehören Bewegungsspiele, die deine überschüssige Kraft nutzen, ebenso wie Anleitungen zur Beruhigung. Probiere einfach aus, was für dich am besten funktioniert. Betrachte deine Wut nicht als Problem, sondern als Chance, dich selbst besser zu verstehen.

Techniken und Spiele zur Bewältigung von Frustration und Wut

Es gibt viele Wege, mit Frust und Wut klarzukommen. Erwachsene haben im Laufe ihres Lebens ihre eigenen Methoden dafür entwickelt. Doch was für „die Großen" funktioniert, ist für dich als Kind nicht unbedingt hilfreich. Es ist wichtig, dass du selbst Strategien findest, die dir beim Wut- und Frustabbau helfen. Hier bekommst du zehn Techniken und Spiele an die Hand, die dich bei deinem persönlichen Wutmanagement unterstützen. Von Bewegungsspielen über Zählen bis hin zum Wutkissen: Hier findest du alles, was du brauchst, um schwierige Situationen besser zu meistern. Mit etwas Übung merkst du bald, wie gut es sich anfühlt, die eigene Wut zu verstehen und gezielt abzubauen.

1. Knete einen Anti-Stress-Ball

Hast du auch ab und an das Gefühl, dass sich Wut und Frust richtig in deinen Händen stauen? Das fühlt sich dann wie ein heftiges Kribbeln in den Fingerspitzen an. Wenn das passiert, schnapp dir einen Anti-Stress-Ball! Kauf dir einen gemeinsam mit deinen Eltern oder bastle dir selbst einen. Egal, ob gekauft oder selbstgemacht: Das Kneten hilft dir, deine angestauten Gefühle rauszulassen. Um einen Anti-Stress-Ball zu basteln, brauchst du etwas Mehl und einen Luftballon. Fülle den Ballon mit dem Mehl und verschließe ihn gut. Mach den Knoten richtig fest und sichere ihn am besten noch mit Klebeband. Schon ist dein Anti-Stress-Ball einsatzbereit!

Spürst du das nächste Mal Frust aufsteigen, dann nimm den Ball in die Hand und knete ihn fest. Drücke, ziehe und lass deiner Wut freien Lauf. Konzentriere dich auf das Gefühl, wie das Mehl sich im Ball bewegt und seine Form verändert. Stell dir bildlich vor, dass all deine Wut und Frustration in den Ball wandern und verschwinden. Diese Übung hilft dir, ruhig zu bleiben und unangemessene Reaktionen zu vermeiden. Du steckst ja deine Energie in den Ball, statt direkt impulsiv zu reagieren. Und weißt du, was das Tolle ist? Dein Anti-Stress-Ball passt in jede Tasche. Also kannst du ihn überallhin mitnehmen: zur Schule, in den Park oder nach Hause. Probiere es aus und spüre, wie das Kneten dir hilft, dich wieder zu beruhigen.

2. Singe lauthals zu Musik

Wut, die nicht ausgelebt wird, schädigt deine Gesundheit. Sie ist ein Gefühl, dass du durchaus herauslassen darfst – aber eben in einem angemessenen Rahmen. Nicht okay ist, andere oder dich selbst zu verletzen. Damit dir das nicht passiert, musst du andere Wege für den Frustabbau finden. Musik kann dir dabei eine wertvolle Hilfe sein. Es tut richtig gut, deine Emotionen einfach herauszulassen, wenn du wütend oder frustriert bist. Also erstelle dir eine Playlist für wütende Momente. Sammle alle Lieder, die du in diesen Situationen gerne hören möchtest. Und dann singe laut zu deiner Lieblingsmusik, wann immer du wütend bist. Dabei spielt es keine Rolle, ob du gut singen kannst. Wichtig ist nur, dass du Spaß hast und deinen Gefühlen ein Ventil gibst, um aus deinem Körper zu entweichen.

Hattest du einen anstrengenden Tag und Wut oder Frust stauen sich in dir auf? Dann setze deine Kopfhörer auf oder drehe das Radio laut. Stelle deine Playlist ein und singe mit, so laut du kannst. Wenn du magst, tanze dazu oder fühle einfach den Rhythmus. Während du singst, konzentriere dich ganz auf den Text und die Melodie. Lass dich von der Musik mitreißen und spüre, wie sich die Energie in dir verändert. Singen hilft dir, Dampf abzulassen und dich zu entspannen. Dein Körper und Kopf schalten um auf die Musik und die Wut wird nach und nach weniger. Teste es einfach mal! Ich bin mir sicher, dass Mitsingen ein guter Weg sein kann, um Spannungen loszuwerden. Danach wirst du dich wieder gut und entspannt fühlen.

3. Besorge dir ein Wut-Kissen

Bestimmt hast du schon einmal erlebt, dass du so richtig wütend warst. Am liebsten hättest du dann etwas kaputt gemacht. Aber das geht natürlich nicht! Deshalb bereite dich auf solche Momente vor, indem du dir ein Wut-Kissen besorgst. Dies ist einfach ein ganz normales Kissen, das du nur benutzt, wenn du deine ganze Wut rauslassen willst. Such dir am besten ein Kissen aus, das schön weich, aber trotzdem stabil ist. Entscheide selbst, welche Farbe es haben soll und ob du dir ein Motiv wünschst. Vielleicht magst du den Kissenbezug auch selbst gestalten? Für diesen Zweck gibt es spezielle Textilstifte. Wichtig ist, dass das Kissen dir gefällt, denn es soll schließlich dein persönlicher kleiner Anti-Wut-Helfer sein. Halte es griffbereit, am besten in deinem Zimmer oder an einem Ort, an dem du dich wohl und sicher fühlst.

Und sobald die Wut in dir aufsteigt und du das Bedürfnis hast, alles herauszulassen, schnapp dir dein Wut-Kissen! Du kannst es fest drücken, darauf trommeln oder es sogar durch den Raum werfen. Wenn du willst, beiße kräftig hinein, boxe es fest oder trample darauf herum. Bei diesem Kissen ist alles erlaubt, was du sonst nicht darfst! Dabei musst du dir keine Sorgen machen, dass irgendetwas kaputtgeht oder du jemanden verletzt. Das Kissen hält deine Wut aus. Achte währenddessen darauf, wie sich dein Körper anfühlt. Fühlst du, wie die Spannung langsam nachlässt? Atme zwischendurch tief durch, während du deine ganze Energie ins Kissen steckst. Spüre, wie die Wut abebbt und du friedlicher wirst. Dein Wut-Kissen ist immer zur Stelle, wenn du es brauchst. Es ist eine effektive Methode, deinen Gefühlen freien Lauf zu lassen, ohne dass jemand oder etwas zu Schaden kommt.

4. Bastle ein Wutposter

Wut und Frust sind eigentlich unsichtbar. Sie brodeln in deinem Inneren, bringen deinen Puls zum Rasen und legen deine Gedanken lahm. Deshalb tut es manchmal gut, die Wut sichtbar zu machen, um besser mit ihr klarzukommen. Ein Wutposter kann dir dabei helfen. Dort hältst du alles fest, was dich gerade aufregt. Nimm ein großes Stück Papier – gerne in einer knalligen Farbe – und schon kann es losgehen. Hole Buntstifte, Filzstifte, Sticker und alles, was dir sonst noch Spaß macht. Auf dein Wutposter kommen die Dinge, die dich nerven: Zeichne Figuren, die deine Wut ausdrücken. Male Gesichter mit verschiedenen Gefühlen oder schreibe Wörter, die deine Frustration zeigen. Du kannst auch mit Farben spielen: rot für Ärger, schwarz für Frust oder blau für Ruhe.

Während du dein Poster gestaltest, konzentrierst du dich voll auf deine Gefühle. Überlege, wie du sie am besten auf Papier bringen kannst. Je mehr du malst und schreibst, desto deutlicher spürst du, wie deine Wut langsam abnimmt. Dein Wutposter hilft dir, deine Gefühle besser zu überblicken. **Und das Beste:** Du kannst es immer wieder neu gestalten, sobald sich etwas ändert. Am Ende hältst du ein farbenfrohes Poster voller Gefühle in deinen Händen. Es zeigt dir, dass Wut nichts ist, was du verstecken musst. Du kannst sie sichtbar machen, anschauen und so lernen, besser damit umzugehen.

5. Zähle rückwärts

In einer akuten Situation, in der deine Wut zu stark wird, kannst du diese Strategie ausprobieren: Zähle einfach rückwärts. Das klingt vielleicht erst mal seltsam, aber es hilft wirklich. Das Gute daran ist, dass du keine besonderen Hilfsmittel brauchst. Du kannst diese Technik also wirklich überall und jederzeit anwenden. Du lenkst damit deinen Kopf auf etwas anderes und gibst deinem Gehirn die Chance, sich wieder zu beruhigen. Starte bei einer Zahl, die für dich passt – zum Beispiel 20 oder sogar 50. **Dabei gilt:** je stärker die Wut, desto höher die Zahl.

Zähle dann langsam rückwärts bis null. Konzentriere dich einfach nur auf die Zahlen und lass die Wut oder den Frust an dir vorbeiziehen.

Es hilft auch, die Zahlen laut auszusprechen. Stell dir dabei vor, dass du mit jeder Zahl ein bisschen mehr Wut oder Frust loslässt. Die Zahl 17 nimmt ein Stück Ärger mit, die 16 trägt die Enttäuschung fort – und immer so weiter. Jede Zahl, die du sprichst, macht deine Gefühle kleiner und kleiner. Wenn du bei null angekommen bist, atme tief ein und aus. Fühlst du dich jetzt etwas ruhiger? Ganz bestimmt! Das Zählen hilft, weil es dein Gehirn auf eine einfache Aufgabe fokussiert. Das schickt die starken Gefühle in den Hintergrund. Diese Übung ist wirklich perfekt für zwischendurch. Sie ist eine schnelle und unauffällige Methode, um Ruhe zu finden und deine Gedanken zu ordnen. Und wenn du fertig mit dem Zählen bist, kannst du immer noch handeln: aber wohlüberlegt und mit klarem Kopf statt impulsiv und emotional.

6. Schalte dein Kopfkino an

Wenn du wütend bist, fühlst du dich mitunter fremdgesteuert. **Aber vergiss nie:** Dein Kopf ist wie ein Kinosaal, in dem du selbst entscheidest, welchen Film du sehen möchtest! Dieser Gedanke kann wirklich helfen, entspannt und gelassen zu bleiben, selbst wenn Wut oder Frust an die Tür klopfen. Suche dir einen ruhigen Platz, schließe die Augen und stelle dir vor, wie du zur Hauptfigur wirst. In deiner Szene bist du gelassen und stark: wie ein Superheld oder ein ruhiger Fels in der Brandung. Überlege dir, wie du aussiehst, was du trägst, wo du bist und was du machst. Vielleicht stehst du auf einem Berg und beobachtest den Wind, wie er über die Landschaft weht. Oder du bist am Meer und spürst die Kraft der Wellen.

Diese starke Version von dir soll dein Vorbild sein. Je öfter du dir diese Szene vorstellst, desto realer wird sie. Befindest du dich in einer stressigen oder ärgerlichen Situation, denke bewusst an dieses Bild. Du weißt, dass diese ruhige und starke Version in dir steckt. In genau diesem Moment kannst du sie nutzen. Mit deinem Kopfkino zeigst du dir selbst, dass du die Stärke hast, ruhig zu bleiben. Du musst nicht sofort in die Luft gehen. Es erfordert Übung, aber je öfter du es versuchst, desto schneller wirst du deine innere Kraft spüren!

7. Male ein Wutbild

Manchmal ist die Wut wie ein Feuer in dir, das unbedingt rauswill. Malen hilft dir, dieses Gefühl loszuwerden! Greife zu Papier und ein paar Bunt- oder Wachsmalstiften, wenn du richtig wütend oder frustriert bist. Dann fang einfach an zu malen. Überlege nicht zu lange, wie es aussehen soll. Lass die Farben und Formen einfach fließen. Wähle kräftige Farben wie Rot, Schwarz oder Orange, wenn du besonders wütend bist. Zeichne wilde Striche und Linien, die deine Gefühle zeigen. Kritzle einfach darauf los oder zeichne große Kreise und Zickzacklinien.

Während du malst, stell dir vor, dass deine Wut mit jedem Strich weniger wird. Du überträgst sie auf das Papier. Es ist, als ob du all die Anspannung und den Ärger in deinem Kunstwerk festhältst. Schau dir das fertige Bild an. Hier siehst du deine Wut, die du jetzt losgelassen hast. Zerreiß es, wenn es sich gut anfühlt, oder bewahre es in deiner Schublade auf. Das Zeichnen ist eine perfekte Möglichkeit, deine Wut herauszulassen, ohne jemanden zu verletzen. Male so oft, wie du willst, und nutze diese Übung, um deinen Kopf freizubekommen.

8. Blase die Wut weg

„Auf einmal war die Wut wie weggeblasen!" Kennst du diesen Satz? Bestimmt. Nimm ihn doch einfach mal wörtlich und blase deine Wut einfach weg. Stell dir vor, die Wut ist eine große, schwere Wolke vor deinem Gesicht. Du kannst sie verkleinern, indem du tief einatmest und dann den Atem ganz langsam, aber kräftig wieder entlässt. Suche dir einen ruhigen Platz und atme tief ein. Spüre dabei, wie die Luft in deinen Bauch strömt. Atme dann so langsam und lange wie möglich aus. Stell dir vor, wie du mit jedem Ausatmen die Wutwolke kleiner pustest. Wiederhole das ein paar Mal, bis die Wolke fast verschwunden ist und du dich leichter fühlst.

9. Geh zum Toben nach draußen

Wenn du dich richtig aufgebracht und wütend fühlst, wirkt Bewegung wahre Wunder! **Gehe einfach raus:** in den Garten, auf den Spielplatz oder irgendwohin, wo du genügend Platz hast.

Nutze die Energie deiner Wut und lass sie beim Rennen, Springen oder Toben raus. Du kannst sprinten, als wärst du der schnellste Läufer der Welt. Hüpfe so hoch, wie du nur kannst. Wenn ein Ball in der Nähe ist, schieße ihn weg oder wirf ihn mit voller Kraft gegen eine Wand. Oder du suchst dir einen Platz, an dem du wild tanzen kannst.

Schüttle dabei deinen ganzen Körper aus, als würdest du all die Wut von dir abstoßen. Stell dir vor, dass du mit jeder Bewegung ein Stück Ärger aus deinem Körper vertreibst. Durch das Toben lässt du deine Anspannung los und fühlst dich danach viel leichter. Bewegung hilft deinem Körper, die angestaute Energie zu verbrauchen und wieder ruhiger zu werden. Es ist eine gesunde Möglichkeit, deine Emotionen auszudrücken und gibt dir gleichzeitig das Gefühl von Freiheit und Stärke.

10. Schreibe alles auf

Schreiben ist eine tolle Sache, um deine Gedanken und Gefühle zu ordnen. Nimm dir ein Blatt Papier oder dein Notizbuch und notiere alles, was in deinem Kopf los ist. Lass dir dabei alle Zeit der Welt. Es muss niemand lesen, es ist nur für dich. Erzähle dem Papier, was dich so richtig ärgert. Wenn es zu viel wird, notiere einfach einzelne Wörter oder kurze Sätze. Manchmal hilft es, die ganze Situation oder Person, auf die du wütend bist, in allen Details zu beschreiben. Du kannst auch einen Brief schreiben, den du niemals abschickst, aber in dem du dir so richtig Luft machst.

Wenn du später Lust hast, lies dir erneut durch, was du geschrieben hast. Schau, ob sich deine Gefühle verändert haben. Vielleicht willst du das Papier dann zerreißen, weil es dir besser geht. Oder du behältst es, um irgendwann darauf zurückzuschauen. Schreiben hilft auf jeden Fall, deine Gedanken zu sortieren. Damit kannst du die Wut aus deinem Kopf raus auf das Papier bringen. Du wirst sehen, es kann wirklich befreiend sein, die Wut auf diese Weise loszuwerden.

Kapitel 10: Spielerisch bewusster leben

Für dich als Kind mit der Superpower ADHS mag der Alltag manchmal ziemlich chaotisch sein. Es ist nicht immer leicht, ruhig zu bleiben, dich zu konzentrieren oder überschüssige Energie abzubauen. Doch genau bei diesen Problemen hilft dir ein bewussterer Lebensstil. Achte auf ausreichend Bewegung, eine gute Ernährung und einen gesunden Schlaf. Das tut dir gut und bringt Körper und Gedanken in Einklang. In diesem Kapitel zeige ich dir, wie du auf spielerische Weise gesünder leben kannst. Meine Bewegungsspiele helfen dir, dich auszutoben und meine Tipps für gesunde Snacks geben dir Energie. Außerdem habe ich etliche Ratschläge für einen erholsamen Schlaf. All das trägt dazu bei, dass du dich entspannter und glücklicher fühlst.

Bewegungsspiele für den gesunden Ausgleich

Bewegung ist das A und O für deine Gesundheit. Du steckst oft voller Energie und weißt nicht, wohin damit? Dann powere dich so richtig schön aus. Mit den folgenden Spielen lebst du deinen Bewegungsdrang aus und hast dabei obendrein noch viel Spaß. Lies dir einfach mal meine Ideen durch und finde ein Spiel, das dir Freude bereitet. Du wirst sehen, wie viel ruhiger und entspannter du dich danach fühlst.

1. Luftballon-Jagd

Für dieses Spiel brauchst du nicht viel – nur einen Luftballon. Dann kann der Spaß auch schon losgehen. Also puste einen Ballon auf und erfülle anschließend deine Mission: Halte ihn so lange wie möglich in der Luft. Dafür darfst du ihn mit deinen Händen, Füßen oder deinem Kopf berühren. **Ganz wichtig:** Der Luftballon darf nicht auf dem Boden landen. Das Spiel kannst du alleine ausprobieren oder du forderst jemanden heraus. Schlagt abwechselnd gegen den Ballon, damit er oben in der Luft bleibt. Dieses Spiel sorgt für Bewegung, bringt dich zum Lachen und ist perfekt, um dich richtig auszutoben!

2. Hampelmann-Challenge

Wie viele Hampelmänner schaffst du eigentlich in einer Minute? Stelle dir einen Timer und probiere es aus! Zähle die Bewegungen und versuche, jedes Mal etwas schneller zu werden. Du kannst auch Pausen machen und mehrere Runden spielen, um deinen Rekord zu knacken. Noch lustiger wird es, wenn du gegen andere spielst. Tritt gegen einen Freund oder Familienmitglied an und schaue, wer die meisten Hampelmänner erreicht. Das Spiel bringt Schwung in deinen Alltag und zeigt dir, wie viel Power in dir steckt!

3. Tierlauf-Rennen

Wettrennen sind immer eine tolle Sache. Aber ein tierischer Wettlauf bringt Abwechslung in das Rennen. Stell dir vor, du bist ein Tier: vielleicht ein Hase, eine Ente oder ein Bär. Dann springst, watschelst oder krabbelst du wie das Tier, das du dir ausgesucht hast. Wie schnell bist du im Ziel? Stoppe die Zeit und versuche, dich selbst zu übertreffen. Natürlich kannst du auch dieses Spiel mit einer weiteren Person spielen. Entscheidet gemeinsam, welches Tier die nächste Runde bestimmt. Wer schafft es als Erstes über die Ziellinie? Dieses Spiel macht nicht nur Spaß, es bringt dich auch ganz schön ins Schwitzen. Tierläufe trainieren deinen Körper und sorgen garantiert für gute Laune.

4. Seilspringen

Nimm dir ein Springseil und sieh, wie viele Sprünge du am Stück schaffst. Fange mit normalen Sprüngen an und wage dich dann an schwierigere Tricks: Hüpfe auf einem Bein, wechsle die Beine oder schwinge das Seil rückwärts. Wenn du nicht alleine spielen willst, fordere Freunde oder Geschwister zu einem kleinen Wettbewerb heraus. Seilspringen ist super für deine Ausdauer und bringt jede Menge Spaß! Wann immer du also das Gefühl hast, etwas Energie loswerden zu müssen, springe einfach mit deinem Seil.

5. Der Boden ist Lava

Für dieses Spiel verteilst du Matten, Kissen, Decken oder Handtücher im Raum. Draußen kannst du auch einfach mit Kreide Kreise auf den Untergrund malen. Dies sind deine Inseln, weil der Boden Lava ist. Deine Aufgabe besteht darin, von einer

Insel zur nächsten zu springen, ohne den Untergrund dazwischen zu berühren. Denke dir eigene Regeln aus – etwa nur auf einem Bein zu hüpfen. Das Spiel wird immer schwerer, je größer du die Abstände wählst. Es fordert deine Geschicklichkeit heraus und macht richtig Spaß – ganz egal, ob alleine oder mit anderen!

Strategien für eine gute Nachtruhe

Abends spielen die Gedanken manchmal verrückt und das kann dich leider vom Einschlafen abhalten. Es ist nervenaufreibend, ewig wach im Bett zu liegen und keinen Schlaf zu finden. Zum Glück gibt es ein paar einfache Tricks, mit denen du lernst, dich zu entspannen und gut einzuschlafen. Damit findest du deine innere Ruhe, gleitest in einen erholsamen Schlaf und startest mit neuer Energie in den Folgetag.

1. Schalte alle Bildschirme ab

Wusstest du, dass das blaue Licht von Tablet, Smartphone und Fernseher verhindert, dass dein Kopf abends zur Ruhe kommt? Deshalb lege ich dir wirklich wärmstens ans Herz, mindestens eine Stunde vor dem Schlafengehen keine Bildschirme mehr zu benutzen. Lies stattdessen ein schönes Buch, male ein Bild oder entspanne mit einem Hörbuch. Dein Gehirn bekommt so das Signal, dass es Zeit ist, ruhiger zu werden. Anfangs ist das vielleicht ungewohnt, wenn du bisher abends noch viel Bildschirmzeit hattest. Aber du wirst schnell merken, dass du durch diese kleine Änderung deines Tagesablaufs besser einschlafen kannst.

2. Finde deine Abendroutine

Eine wiederkehrende Routine am Abend ist ein guter Einschlafhelfer. Das Wichtigste dabei: Gehe jeden Abend zur gleichen Zeit ins Bett. Das hilft, damit sich dein Körper den Rhythmus merkt und du besser einschlafen kannst. Überlege dir überdies ein Ritual, das dir Spaß macht und dich beruhigt. Es sollte dich auf die anstehende Nachtruhe vorbereiten. Folgende Dinge sind möglich:

- Lies eine kurze Geschichte oder noch ein Kapitel in deinem Buch.
- Höre ein ruhiges Lied oder Hörbuch.
- Schreibe in dein Tagebuch.
- Erzähle dir selbst vor dem Spiegel von deinem Tag.

Wiederholst du dieselben Abläufe jeden Tag, ist das ein eindeutiges Signal für deinen Körper. **Er versteht dann:** Jetzt ist es Zeit, sich zu entspannen und zu schlafen. Eine feste Routine hilft dir, den Tag abzuschließen und mit einem guten Gefühl ins Bett zu gehen. Probiere es aus, schon nach drei oder vier Wochen solltest du erste Erfolge bemerken.

3. Höre Entspannungsmusik

Sanfte Musik oder beruhigende Geräusche helfen vielen Menschen, abends abzuschalten. Vielleicht auch dir? Erstelle dir eine Playlist mit ruhigen Melodien oder Naturklängen wie Wellen, Regen oder Vogelgezwitscher. Lass die Musik leise im Hintergrund laufen, sobald du dich ins Bett kuschelst. Diese Klänge beruhigen deinen Atem und bereiten dich auf den Schlaf vor. Außerdem hilft ein leises Hintergrundrauschen, die Umgebungsgeräusche abzudämpfen. Du schreckst dann nicht mehr bei jedem Laut aus dem Schlaf auf. Teste einfach, ob leise Klänge dir beim Ein- und Durchschlafen helfen.

4. Atme wie ein Schlafdrache

Stell dir vor, du bist ein mächtiger, schlafender Drache. Atme die ganze Zeit über langsam und tief, damit dein Drachenfeuer nicht aufflammt. Hole tief durch die Nase Luft, halte kurz den Atem an und puste ihn sanft durch den Mund aus. Wiederhole das einige Male und konzentriere dich nur auf deinen Drachenatem. Du wirst spüren, wie dein Körper ruhiger wird und du dich entspannst. Diese einfache Atemtechnik hilft dir, den Tag loszulassen und das Gedankenkarussell zu stoppen.

5. Mach es dir rundum gemütlich

Dein Bett sollte ein Ort sein, an dem du dich zu 100 Prozent wohlfühlst. Gestalte es dir so bequem wie möglich mit deiner Lieblingsdecke, einigen Kissen oder einer Lichterkette. Vielleicht möchtest du auch ein Tuch über dein Bett hängen, damit du dich darin wie in einer Höhle fühlst. Je gemütlicher deine Schlafstätte, desto lieber wirst du dich abends hineinlegen. So wird das Schlafengehen zu einem behaglichen Ritual, auf das du dich jeden Tag freust.

Lecker und vitaminreich essen

Damit du dich gut konzentrieren kannst, ist es wichtig, dass du deinem Körper die richtigen Nährstoffe zuführst. Gesundes Essen hilft dir, dich besser zu fühlen. Ja, Süßigkeiten sind lecker und wir alle lieben sie. Aber sie haben auch viele negative Auswirkungen. Sie machen dich müde, die Konzentration lässt nach und du fühlst dich wie unter Strom. Ich weiß, dass es nicht so leicht ist, gesünder zu essen und der süßen Versuchung zu widerstehen. Die folgenden Vorschläge lassen sich aber einfach umsetzen und machen Spaß. Sie sorgen dafür, dass du automatisch bewusster isst und seltener zu Süßem greifst. Probiere es aus!

1. Einen Probier-Tag einführen

Wie wäre es, wenn du dir einmal pro Woche Zeit nimmst, etwas ganz Neues auszuprobieren? Schau dir Obst- und Gemüsesorten an, die du noch nie – oder schon länger nicht – gekostet hast. Das kann eine exotische Frucht oder ein seltenes Gemüse sein. Wie wäre es mit Mango, Papaya, Avocado oder Zucchini? Bereite es mit deiner Familie zu oder probiere es direkt roh, falls das möglich ist. Wer weiß, vielleicht entdeckst du dein neues Lieblingsessen! Und selbst wenn es dir nicht schmeckt, ist es immer spannend, etwas Neues kennenzulernen.

2. Bereite dir eine Snackbox vor

Packe dir eine eigene Snackbox für deine Freizeit. Das macht Spaß und ist superpraktisch! Nimm eine kleine Box oder Dose und fülle sie mit gesunden Snacks, die du gerne magst. Geeignet sind zum Beispiel:

- Nüsse
- Trockenfrüchte
- Reiswaffeln
- Gemüesticks
- frisches Obst

Stell die Box an einen Ort, an dem du sie leicht erreichen kannst, wenn der kleine Hunger dich überfällt. So hast du immer etwas Gesundes griffbereit und brauchst nicht lange nachzudenken, was du naschen könntest. Das reduziert die

Wahrscheinlichkeit dafür, dass du einfach etwas Ungesundes snackst. Befülle deine Box jeden Tag neu und achte auf ausreichend Abwechslung, damit es nicht eintönig wird.

3. Fordere dich zu einer Trink-Challenge heraus

Wasser zu trinken, ist äußerst wichtig, damit du fit und konzentriert bleibst! Hast du – wie viele Menschen – Probleme, ausreichend zu trinken? Dann probiere eine Trink-Challenge aus! Mach einfach ein Spiel daraus, genügend Wasser aufzunehmen. Setz dir zunächst ein Ziel – zum Beispiel fünf Gläser Wasser oder Kräutertee am Tag. Zeichne auf, wie viele du geschafft hast, oder markiere es auf einer Liste. Vielleicht übertriffst du sogar dein Ziel? Wenn dir Wasser zu langweilig ist, probiere es mit einer Scheibe Zitrone, Minzblättern oder ein paar Beeren im Getränk. Auch Früchte- und Kräutertee darfst du immer trinken – aber natürlich ungesüßt.

4. Probiere Smoothies aus

Smoothies aus sind nicht nur lecker, sondern auch richtig gesund! Probiere verschiedene Mixturen aus und bereichere deinen Speiseplan damit. Besorge dir einen Mixer und mixe gesunde Zutaten wie etwa:

- Banane mit Beeren
- Spinat mit Apfel
- Avocado, Grünkohl, Banane und Apfel

Bereite erst mal kleine Portionen zu, probiere sie und finde heraus, welcher Smoothie dir am besten schmeckt. Du kannst auch deine eigenen Rezepte erfinden und sie deiner Familie vorstellen. Vielleicht wird einer deiner Smoothies ja sogar der neue Lieblingsdrink zu Hause!

5. Iss Rohkost nach Farben

Gestalte deine Mahlzeiten bunt und spannend, indem du Rohkost nach Farben isst! Wähle einmal in der Woche eine Farbe aus, die in jeder deiner Speisen vorkommen soll. Es könnte etwa einen „roten Tag" geben. Achte dann darauf, besonders viele

Erdbeeren, Kirschen, Paprika und Tomaten zu essen. In der darauffolgenden Woche ist es dann vielleicht der „grüne Tag". Jetzt stehen Gurken, Salat oder Brokkoli auf dem Plan. Durch diese kleine Herausforderung wird gesundes Essen spielerisch und witzig.

QR-Code für Kinder: Gesunde Rezepte zum Nachmachen

Möchtest du dir leckere und gesunde Snacks selbst machen? Mit dem QR-Code findest du viele spannende Ideen für einfache Rezepte. Sie schmecken gut und stecken voller Vitamine. Schau dir an, wie du farbenfrohe, ausgewogene Snacks und Mahlzeiten zauberst. Viele davon kannst du ganz alleine nachkochen oder nachbacken! In den Rezepten erkläre ich dir alles Schritt für Schritt, damit du sofort loslegen kannst. Es gibt sogar Vorlagen für Einkaufslisten, die du mit in den Supermarkt nehmen kannst. Auf diese Weise macht gesunde Ernährung richtig Spaß. Also folge dem QR-Code und entdecke dein neues Lieblingsrezept.

Teil IV:

RESSOURCEN FÜR ELTERN UND WEITERFÜHRENDE HILFE

Jeder Tag bringt für dich als Elternteil eines ADHS-Kindes etliche Herausforderungen mit. Umso wichtiger ist es, dass du auf eine starke Basis aus Wissen, Unterstützung und Hilfen zählen kannst. In diesem Teil habe ich etliche Ressourcen für dich gesammelt, die dir den Umgang mit deinem Kind erleichtern. Du findest Empfehlungen für Bücher und Websites ebenso wie Informationen über Organisationen, die sich auf dieses Thema spezialisiert haben. Dieser Abschnitt gibt dir die Chance, mehr zu erfahren und praktische Unterstützung zu bekommen. So kannst du dein Kind bestmöglich begleiten, ohne selbst in Stress und Chaos zu versinken.

Kapitel 11: Weitere Informationsquellen

ADHS wirft viele Fragen bei dir als Elternteil auf. Das ist völlig normal! Die Antworten darauf sind jedoch in der Regel so einzigartig wie die Kinder selbst. Ich kann dir daher gar nicht all deine Fragen in diesem Buch beantworten. Genau deshalb helfe ich dir in diesem Kapitel, die passenden Informationsquellen für deine Bedürfnisse zu entdecken. Egal, ob du tiefgehendes Lesematerial, verständliche Websites oder spezielle Organisationen suchst: Hier bekommst du Inspiration und konkrete Anlaufstellen. Diese Ressourcen bieten dir ein fundiertes Wissen und praktische Tipps. Oft ermöglichen sie überdies einen wertvollen Austausch mit anderen Eltern. Mit den richtigen Informationen handelst du gezielter und gibst deinem Kind die Unterstützung, die es dringend braucht.

Nützliche Bücher, Websites und Organisationen

Es ist immens wichtig, dass du dir ein fundiertes Wissen aneignest und dich auf zuverlässige Informationsquellen verlässt. Nicht alle Bücher und Websites sind auf dem aktuellen Stand und wissenschaftlich erarbeitet. Es gibt etliche schwarze Schafe. Hier in diesem Abschnitt gebe ich dir daher einige Empfehlungen, mit denen du den Durchblick im ADHS-Wirrwarr behältst.

Bücher

Es gibt zahlreiche Bücher, die dir ADHS und den Umgang damit näherbringen. Ein Klassiker ist *„Lehrbuch ADHS"* von Caterina Gawrilow. Es bietet verständliche Erklärungen zu den Modellen und Ursachen sowie zur Diagnose und Therapie. Auch *„ADHS einfach erklärt"* von New York Times Bestseller-Autor Edward M. Hallowell gehört zu den Standardwerken. Wirf gerne ebenso einen Blick auf das Buch *„ADHS: Symptome verstehen – Beziehungen verändern"* von Terje Neraal und Matthias Wildermuth.

Für Kinder selbst eignen sich ebenfalls eine ganze Reihe Bücher:

- *Tami Tiger 1000 Papageien im Kopf* von Karlotta Kramer und Raphaela Kunterbunt
- *Gefühle sind deine Superkraft* von Daga Baer
- *Lotte, träumst du schon wieder?* Von Stefanie Rietzler und Fabian Grolimund

Sie alle zeigen auf einfühlsame Weise, wie dein Kind mit ADHS umgehen kann.

Websites

Die Website der *ADHS Deutschland e.V.* (aufrufbar unter www.adhs-deutschland.de) beinhaltet umfassende Informationen, aktuelle Forschungsergebnisse und Tipps für Eltern. Sie bietet Menschen mit ADHS Möglichkeiten zur Selbsthilfe.

Auf www.kindergesundheit-info.de findest du ebenfalls wissenschaftlich fundierte Ratschläge und Artikel zum Thema ADHS. Hier musst du aber gezielt danach suchen. Diese Website gehört zur Bundeszentrale für gesundheitliche Aufklärung.

Falls du die englische Sprache beherrschst, ist die Seite www.CHADD.org eine hervorragende Ressource. Hier findest du umfangreiche Informationen zu ADHS, darunter wissenschaftlich fundierte Artikel, Leitfäden und Ressourcen für Familien. Zudem gibt es Zugang zu Online-Selbsthilfegruppen, Webinaren und einem Expertenblog, der praktische Tipps für den Alltag liefert.

Organisationen

Der Verein *ADHS Deutschland e.V.* ist eine der bekanntesten Anlaufstellen. Er ist der Bundesverband für alle Menschen mit ADHS sowie ihre Angehörigen. Hier gibt es regelmäßige Veranstaltungen, Selbsthilfegruppen und Beratungsangebote. Weiterhin kannst du bei dem Verband eine professionelle Telefon- oder E-Mail-Beratung in Anspruch nehmen.

Verzeichnis von Experten und Anlaufstellen

Manchmal reichen Bücher oder Websites nicht aus, um wirklich voranzukommen. Fachleute und spezialisierte Anlaufstellen sind dafür da, gezielt auf die Bedürfnisse deines Kindes einzugehen.

Ärzte und Therapeuten

Ein guter Kinder- und Jugendpsychiater ist in der Regel der erste Ansprechpartner, wenn es um ADHS geht. Er kann eine genaue Diagnose stellen und Therapien empfehlen. Natürlich kannst du dich aber auch zuallererst an den Hausarzt deines Vertrauens wenden. Er wird dich dann zu dem Experten überweisen. Häufig ist es sinnvoll, einen Ergotherapeuten, der sich auf ADHS spezialisiert hat, ins Boot zu holen. Er unterstützt dein Kind dabei, seine Alltagsfähigkeiten zu stärken. Psychologen und Familienberater sind übrigens nicht nur für dein Kind da. Sie helfen auch dir als Elternteil, besser mit schwierigen Situationen umzugehen.

Beratungsstellen

Zahlreiche Beratungsstellen bieten dir Orientierung und Hilfe. Die Caritas und die Diakonie haben spezielle Programme und Beratungsangebote für Familien mit ADHS. Auch Erziehungsberatungsstellen in deiner Nähe sind eine gute Anlaufstelle, um Unterstützung zu finden. Viele von ihnen sind kostenlos und ermöglichen dir, ohne große Hürden die ersten Schritte zu unternehmen.

Selbsthilfegruppen

Der Kontakt mit anderen Eltern, die Ähnliches durchmachen, ist unschätzbar wertvoll. Selbsthilfegruppen und örtliche Treffen bieten dir die Chance, von den Erfahrungen anderer zu lernen. Hier tauschst du Tipps aus und fühlst dich verstanden.

QR-Code für Eltern: Liste von empfohlenen Apps und Websites zum Thema ADHS

Digitale Helfer erleichtern dir und deinem Kind den Umgang mit ADHS um einiges. Mit dem QR-Code in diesem Kapitel bekommst du direkten Zugang zu einer sorgfältig ausgewählten Liste an Apps und Websites. Sie helfen dir und deinem Kind unter anderem bei:

- Organisation des Tagesablaufs
- Unterstützung bei der Konzentration
- Impulse im Umgang mit deinem Kind

Die Tools sind vielseitig einsetzbar. Viele dieser digitalen Angebote sind speziell für Kinder mit ADHS oder deren Eltern gedacht und bieten dir praktische Unterstützung. Dadurch findest du schnell und einfach passende Hilfsmittel, die deinen Alltag bereichern.

Kapitel 12: Netzwerke und Austausch

Viele Eltern von Kindern mit ADHS haben ähnliche Fragen und Erlebnisse. Der Austausch mit anderen, die das Gleiche durchmachen, ist daher unglaublich hilfreich. In Netzwerken und Gemeinschaften erhältst du wertvolle Tipps sowie das Gefühl, verstanden zu werden. Egal, ob in einer Selbsthilfegruppe, einem Online-Forum oder bei regionalen Treffen: Der Kontakt zu anderen Eltern hilft dir, neue Perspektiven zu gewinnen. In diesem Kapitel lernst du verschiedene Möglichkeiten kennen, wie du Unterstützung und Gemeinschaft findest, um den ADHS-Alltag zu meistern.

Eltern-Netzwerke: Unterstützung durch den Austausch mit Eltern

Es gibt nichts Wertvolleres, als mit Menschen zu sprechen, die genau wissen, wie du dich fühlst. Eltern-Netzwerke bieten die Gelegenheit, dich mit anderen auszutauschen, die ebenfalls ein Kind mit ADHS haben. In solchen Gruppen findest du neben Verständnis auch praktische Tipps, die auf der Erfahrung der anderen basieren. Mitunter entstehen enge Verbindungen, weil ihr euch gegenseitig unterstützt und motiviert. Diese Netzwerke können lokal organisiert sein – zum Beispiel durch Treffen in der Nachbarschaft – oder digital stattfinden. Bei regelmäßigen Begegnungen könnt ihr euch über Herausforderungen, aber auch über Erfolge austauschen. Es ist ein Ort, an dem du dich verstanden fühlst, ohne dich rechtfertigen zu müssen.

Ein weiteres Plus: Durch den Austausch erfährst du, wie andere Familien mit ähnlichen Problemen umgehen. Vielleicht teilt jemand eine Methode, die dir und deinem Kind ebenfalls hilft. Gemeinsame Aktivitäten wie Familienausflüge sind ebenso möglich. Solche Verbindungen stärken dich und dein Kind, da ihr beide merkt, dass ihr nicht alleine seid. Eltern-Netzwerke sind also ein echter Gewinn – für dich und deine Familie. Schließe dich einem solchen Netzwerk an oder gründe einfach selbst eins!

Selbsthilfegruppen und Online-Communitys

Auch Selbsthilfegruppen sind eine bemerkenswerte Möglichkeit, um in einem geschützten Rahmen über die Herausforderungen mit ADHS zu sprechen. Du triffst andere Eltern, die ähnliche Erfahrungen sammeln. Dann könnt ihr gemeinsam an Lösungen arbeiten. In diesen Gruppen steht der persönliche Austausch im Vordergrund. Viele bieten außerdem Workshops oder Vorträge an,

die dir zusätzliches Wissen zum umfangreichen Thema ADHS vermitteln.
Wenn du lieber von zu Hause aus Hilfe suchst und die Anonymität schätzt, sind Online-Communitys ideal. In Foren, sozialen Netzwerken oder spezialisierten Plattformen verbindest du dich anonym oder offen mit anderen Eltern. Stelle Fragen, teile Sorgen oder lies einfach nur mit. Gerade in stressigen Phasen ist es beruhigend, jederzeit Rat oder Unterstützung zu finden. Manche Plattformen bieten sogar moderierte Chats oder eine direkte Beratung durch Experten an.
Das Beste daran: Du entscheidest selbst, wann und wie intensiv du teilnimmst. Egal, ob persönlich oder online: Derartige Angebote geben dir das Gefühl, nicht allein zu sein und immer eine Anlaufstelle zu haben.

QR-Code für Eltern: Zugang zu Online-Foren und Communitys

Teilweise ist es schwer, die richtige Unterstützung zu finden, gerade, wenn der Alltag fordernd ist. Mit dem QR-Code in diesem Kapitel kommst du direkt zu einer Auswahl von Online-Foren und Communitys. Diese richten sich speziell an Eltern von Kindern mit ADHS. Digitale Plattformen sind ideal, um dich unkompliziert und schnell mit anderen Eltern auszutauschen. Hier kannst du Fragen stellen oder einfach mal Dampf ablassen. Ganz gleich, ob du Tipps suchst oder einfach wissen möchtest, dass du nicht allein bist: Diese Communitys sind ein sicherer Raum für dich, um Erfahrungen zu teilen und neue Kraft zu schöpfen.

Teil V

ABSCHLUSS: DAS SUPERPOWER-MANIFEST

ADHS ist keine Schwäche – es ist eine Superpower! Manchmal fühlt es sich schwer an, aber die Energie, Kreativität und Stärke, die damit einhergehen, machen dein Kind einzigartig. Dieses Manifest soll euch daran erinnern, dass ihr jede Herausforderung gemeinsam meistern werdet. Es ist gleichzeitig ein Versprechen an dich selbst und ein motivierender Begleiter im Alltag. Mit dem Superpower-Manifest habt ihr eine Inspiration, die euch in schwierigen Momenten Kraft gibt. Es wird euch helfen, die schönen Seiten von ADHS immer wieder in den Mittelpunkt zu rücken.

Das Superpower-Manifest

1. **Ich bin einzigartig.**
   Jeder Mensch ist anders – und das ist auch gut so! ADHS macht mich besonders. Ich werde stolz darauf sein, wer ich bin.

2. **Ich bin stark.**
   Auch wenn es manchmal schwer ist, gebe ich nicht auf. Jede Herausforderung macht mich stärker und schlauer.

3. **Ich darf Fehler machen.**
   Fehler sind keine Schwäche. Sie sind eine Chance, zu lernen und besser zu werden.

4. **Ich habe Menschen, die an mich glauben.**
   Meine Familie und Freunde unterstützen mich immer, egal was passiert. Ich bin nie alleine.

5. **Ich nutze meine Energie für Positives.**
   Meine Energie ist eine Kraft, die ich für tolle Dinge einsetzen kann. Ob in der Schule, beim Spielen oder bei meinen Hobbys, ich profitiere von meiner Power.

6. **Ich nehme mir Zeit, um zu wachsen.**
   Ich weiß, dass nicht alles auf einmal klappt. Kleine Schritte führen zum Ziel. Ich bin bereit, sie zu gehen.

7. **Ich bin ein Teamplayer.**
   Gemeinsam mit meiner Familie und meinen Freunden arbeite ich daran, mich zu verbessern. Zusammen schaffen wir alles.

8. **Ich bin kreativ und voller Ideen.**
   Meine Fantasie ist grenzenlos. Ich werde diese Gabe nutzen, um die Welt auf meine eigene Art zu entdecken.

9. **Ich liebe mich so, wie ich bin.**
   Ich bin wertvoll, genauso wie ich bin. Niemand muss perfekt sein. Ich bin genug.

10. **Ich lasse mich nicht unterkriegen.**
    Egal, was passiert: Ich bleibe stark und glaube an mich selbst.

11. **Ich habe die Kontrolle.**
    ADHS bestimmt nicht, wer ich bin. Ich entscheide, wie ich meine Stärken einsetze.

12. **Ich lerne, mich zu konzentrieren.**
    Auch wenn es schwer ist, finde ich Wege, meinen Fokus zu verbessern – Schritt für Schritt.

13. **Ich bin mutig.**
    Ich probiere neue Dinge aus, auch wenn ich manchmal nervös bin. Mut hilft mir, über mich hinauszuwachsen.

14. **Ich vertraue auf meine Fähigkeiten.**
    Ich habe Talente, die mir helfen, alles zu schaffen, was ich mir vornehme.

15. **Ich höre auf meinen Körper.**
    Wenn ich Ruhe brauche, gönne ich mir eine Pause. Wenn ich Energie habe, nutze ich sie sinnvoll.

16. **Ich helfe anderen, wenn ich kann.**
    Meine Stärken setze ich ein, um anderen zu helfen und ein guter Freund zu sein.

17. **Ich bin geduldig mit mir selbst.**
    Veränderungen brauchen Zeit. Das ist okay. Ich arbeite in meinem eigenen Tempo.

18. **Ich finde meine Balance.**
    Ich finde heraus, wie ich Ruhe und Bewegung ausgleichen kann, damit ich mich wohlfühle.

19. **Ich habe Spaß am Lernen.**
    Ich sehe Lernen als Abenteuer, bei dem ich immer Neues entdecken und ausprobieren kann.

20. **Ich bin ein Superheld.**
    Mit ADHS habe ich eine besondere Power, die ich jeden Tag aufs Neue entdecken und feiern kann.

Zusammenfassung und Bedeutung des Manifests

Das Superpower-Manifest ist ein tolles Werkzeug, um die Stärken und Besonderheiten deines Kindes zu feiern. Das Manifest spricht die ganze Familie an und zeigt, wie wichtig ein positiver Blick auf ADHS ist. So lernt ihr, es nicht als Schwäche zu betrachten, sondern als Chance, die eigenen Fähigkeiten zu entwickeln. Platziere es an einem Ort, an dem ihr alle es täglich wahrnehmt.
Für dich als Elternteil ist das Manifest ein Begleiter, der dich daran erinnert, dass ADHS nicht nur Herausforderungen mitbringt. Denn ADHS ist auch mit etlichen besonderen Talenten verbunden. Es lädt dich ein, geduldig, verständnisvoll und

unterstützend zu sein. Dabei solltest du die individuellen Bedürfnisse deines Kindes fördern. Gleichzeitig ermutigt das Manifest dazu, gemeinsam als Familie kreative Lösungen zu entwickeln und die besonderen Alltagsmomente zu genießen.
Für dein Kind ist das Manifest eine Quelle der Motivation. Es zeigt ihm, dass es so, wie es ist, wertvoll und einzigartig ist. Es stärkt sein Selbstbewusstsein und ermutigt es, stolz auf seine Fortschritte zu sein – egal, ob klein oder groß. Mit der richtigen Perspektive wird ADHS zu einer Superpower, die das Leben sogar bereichern kann. Das Superpower-Manifest hilft dabei, den Fokus auf das Positive zu lenken und gemeinsam als Familie neue Wege zu entdecken. Es ist ein Anker für Wachstum, Stärke und Zusammenhalt.

QR-Code: Druckbare Version des „Superpower-Manifests" als Download für die Familie

Über den QR-Code am Ende dieses Kapitels könnt ihr das Superpower-Manifest herunterladen und ausdrucken. Es ist ideal, um es an einem Ort aufzuhängen, den ihr oft seht – zum Beispiel im Kinderzimmer, in der Küche oder am Schreibtisch. Ihr könnt es auch gemeinsam gestalten, mit bunten Farben, eigenen Zeichnungen oder zusätzlichen Ideen. So wird das Manifest ein persönliches Familienprojekt, das euch jeden Tag daran erinnert, wie stark und einzigartig ihr seid.

Das Manifest ist mehr als nur Worte – es ist eine Einladung, zusammenzuhalten, stolz auf sich zu sein und die Herausforderungen mit einem Lächeln zu meistern. Egal ob an schwierigen Tagen oder in Momenten des Erfolgs: Das Superpower-Manifest ist immer an eurer Seite, um euch zu motivieren und zu inspirieren.

FAZIT

Das Buch „ADHS: 77 Wege mit der Superkraft umzugehen" ist mehr als ein einfacher Ratgeber. Betrachte es vielmehr als guten Freund, der dir und deinem Kind zur Seite steht. Beim Lesen hast du erfahren, dass ADHS nicht nur eine Herausforderung ist. Die Besonderheit deines Kindes bringt auch großartige Chancen mit, um Talente zu entdecken und zu fördern. Ich bin mir sicher, mit meinem Buch konnte ich dir zeigen, dass kein Kind mit ADHS alleine ist. Und dass es gar nicht schlimm ist, wenn du als Elternteil nicht immer die perfekten Lösungen parat hast. Du hast hier jede Menge praktische Tipps und leicht umsetzbare Hilfsmittel erhalten. Damit kannst du nun sofort loslegen! Egal, ob du Routinen einführen, emotionale Herausforderungen besser bewältigen oder Verhaltensregeln festlegen möchtest: Die Ratschläge aus diesem Buch werden dir dabei eine Hilfe sein. Die verschiedenen Ansätze bieten zahlreiche Optionen, um den passenden Weg für euch zu finden.

Ich schrieb das Buch mit dem Ziel, Eltern dabei zu helfen, ADHS aus einem neuen Blickwinkel zu betrachten: weg von Schuldgefühlen und Unsicherheiten, hin zu Vertrauen und einer stärkeren Familienbande. Aber auch deinem Kind zeigt dieses Buch, dass ADHS keine Hürde, sondern eine Superpower ist. Und diese ist mit einzigartigen Chancen verbunden. Animiere es, die interaktiven Übungen und kreativen Aufgaben aus diesem Buch selbstständig durchzuführen. Damit entdeckt es spielerisch seine Stärken und Fähigkeiten. Nutzt auch die QR-Codes, die zu weiteren Inhalten führen, und profitiert von spielerischen und wertvollen Tipps und Dokumenten.

Das wichtigste Thema bei ADHS ist die Zusammenarbeit zwischen Eltern, Kindern, Lehrern und der Gemeinschaft. Mit diesem Buch möchte ich dich dazu ermutigen, dich mit anderen auszutauschen. So könnt ihr voneinander lernen und euch gegenseitig unterstützen. Stärke dein Kind, damit es selbstbewusst mit seinen Herausforderungen umzugehen und stolz auf seine Erfolge sein kann. Am Ende ist und bleibt meine Kernbotschaft: ADHS ist keine Schwäche, sondern eine Reise zu mehr Selbstakzeptanz, Geduld und Stärke – für Kinder ebenso wie für Eltern. Dieses Buch ist ein Werkzeug, um die Superkräfte von ADHS zu erkennen und gemeinsam zu entfalten. Es ist ein Schritt hin zu einem liebevollen, offenen und mutigen Umgang mit ADHS – als Familie und als Team. Und auf diesem Weg wünsche ich dir und deiner Familie von Herzen alles Gute.

Printed in France by Amazon
Brétigny-sur-Orge, FR